Der Einfluss der Glaubwürdigkeit von deutschen Sportlern bei der Befürwortung von Sportprodukten auf die Kaufabsicht junger erwachsener Konsumenten

Konstantin Bahnsen

Bibliografische Information der Deutschen Nationalbibliothek:

Die Deutsche Nationalbibliothek verzeichnet diese Publikation in der Deutschen Nationalbibliografie; detaillierte bibliografische Daten sind im Internet über http://dnb.d-nb.de abrufbar.

ISBN: 9783961169641
Dieses Buch ist auch als E-Book erhältlich.

MIX
Papier aus verantwortungsvollen Quellen
Paper from responsible sources
FSC
www.fsc.org
FSC® C105338

INHALTSVERZEICHNIS

ABSTRACT

Celebrity Endorsement und seine Wirkungsweisen sind ein in der Literatur häufig diskutiertes Thema. Die Werbeform, in der ein Gesicht des öffentlichen Interesses mit einem Unternehmen zusammenarbeitet, um ein Produkt zu befürworten ist keine neue Erscheinung. Dennoch sind verschiedene Wirkungsmodelle nach wie vor Gegenstand vieler wissenschaftlicher Arbeiten. Die vorliegende Thesis behandelt den Einfluss der Glaubwürdigkeit von Sport-Endorsern bei der Befürwortung von Sportprodukten auf die Kaufabsicht junger Erwachsener. Anhand verschiedener Analysen werden die Beziehungen zwischen Konstrukten wie der Glaubwürdigkeit, den Einstellungen gegenüber der Werbung und der Marke sowie der Kaufabsicht untersucht, um zu erforschen, wie sich diese Konstrukte beeinflussen. Zudem wird die vermittelnde Funktion der Einstellung gegenüber Werbung und Marke geprüft. Die Ergebnisse lassen darauf schließen, dass die Glaubwürdigkeit von Sport-Endorsern einen signifikant positiven Einfluss auf die Kaufabsicht junger Konsumenten hat. Die Variablen Einstellung zur Werbung und zur Marke erfüllen die Rolle des seriellen Mediators effektiv. Für werbetreibende Unternehmen, die Sportartikel über die Zusammenarbeit mit Celebrities vermarkten, ergeben sich interessante Implikationen.

Abkürzungsverzeichnis

1 EINLEITUNG

1.1 PROBLEMSTELLUNG UND ZIELSETZUNG

Werbung ist bereits seit vielen Jahrzehnten allgegenwärtig. Ob im Fernsehen, Radio, auf Werbeplakaten oder über Social Media, überall werden uns Produkte, Dienstleistungen oder Marken präsentiert. Der normale Konsument sieht sich einer Flut an Werbeinformationen gegenübergestellt. Um in diesem Kampf um die Aufmerksamkeit der Rezipienten konkurrenzfähig zu bleiben, greifen viele werbetreibende Unternehmen auf eine altbewährte Strategie zurück. Gemeint ist Celebrity Endorsement, also die Einbindung einer berühmten Persönlichkeit, welche als Produktbefürworter in der Werbung auftritt. Häufig fällt dabei die Wahl auf bekannte Gesichter aus dem Sportbereich, die durch athletische Körper und große Erfolge in ihren jeweiligen Disziplinen eine Vorbildfunktion für sportbegeisterte Menschen einnehmen und somit eine große Anziehungskraft aufweisen. Doch stellt sich genau hier die Frage, ob es allein der sportliche Erfolg eines Athleten ist, der einen effektiven, werbeerfolgsversprechenden Sport-Endorser ausmacht, oder ob es noch weitere wichtige Faktoren zu berücksichtigen gilt. Ein in der Werbeforschung häufig diskutiertes Thema ist die Frage nach der Bedeutung der Glaubwürdigkeit, sei es die Glaubwürdigkeit von Unternehmen, Marken oder auch Endorsern.

Anhand verschiedenster Modelle wurden in der Vergangenheit Versuche unternommen, herauszufinden, welche Faktoren bei der Werbung mit Celebrities eine besonders wichtige Rolle spielen. Ziel dieser Studie ist es, zu untersuchen, welchen Stellenwert die wahrgenommene Glaubwürdigkeit von deutschen Sportendorsern bei jungen Erwachsenen heutzutage für eine erfolgreiche Werbung für Sportprodukte hat. Dafür soll ein Modell entworfen werde, das den Einfluss der wahrgenommenen Glaubwürdigkeit möglichst genau misst. Zudem soll verglichen werden, wie sich der Effekt von Werbeanzeigen mit sehr glaubwürdigen, bzw. mit eher als unglaubwürdig wahrgenommenen Sportlern unterscheidet. Zu diesem Zweck wird das „Source Credibility Model" von Ohanian (1991) herangezogen. Verschiedene Sportler stehen für unterschiedliche Level der Glaubwürdigkeit. Im Rahmen der Primärforschung soll geprüft werden, ob die wahrgenommene Glaubwürdigkeit der jeweiligen Sportler mit den Einstellungen gegenüber der Werbung und gegenüber der Marke sowie der Kaufabsicht der Konsumenten korreliert. Die Ergebnisse der Studie sollen einen Teil zur Forschung im Bereich Sport Celebrity Endorsement beitragen und Unternehmen dabei helfen, die Bedeutung der Glaubwürdigkeit von Sportlern für Werbezwecke besser einordnen zu können.

Bevor die Forschungsfrage der vorliegenden Arbeit im Rahmen der Primärforschung beantwortet werden soll, geht es zunächst darum, wichtige Erkenntnisse aus der bisherigen Literatur zu dem Themenbereich zusammenzufassen und den aktuellen Forschungsstand wiederzugeben. Zu Beginn werden dem Leser grundlegende Begrifflichkeiten nähergebracht, deren Verständnis voraussetzend für die Durchdringung der Arbeit ist. Hierbei wird nicht nur das Phänomen Celebrity Endorsement in seinen Einzelheiten erläutert, es erfolgen auch Definitionen der Glaubwürdigkeit im Marketingkontext.

Anschließend werden die Chancen und Risiken einer Celebrity Endorsement-Strategie aus der Perspektive der werbetreibenden Unternehmen zusammengefasst. In Kapitel vier sollen verschiedene Wirkungsmodelle des Celebrity Endorsement vorgestellt werden, allen voran das Source Credibility Model von Ohanian (1990), auf dessen Grundlage die Primärforschung der vorliegenden Arbeit beruht. Kapitel fünf beinhaltet die Ableitung und Bildung der Hypothesen. Nachdem im sechsten Abschnitt das methodische Vorgehen der Primärforschung erklärt wird, erfolgt der Teil, der die Analyse- und Forschungsergebnisse wiedergibt. Schwerpunkt der Arbeit wird die Untersuchung des Einflusses der Glaubwürdigkeit auf die Kaufabsicht der Konsumenten sowie die Prüfung einer vermittelnden Rolle der Einstellungen gegenüber der Werbung (im folgenden auch EW) und der Einstellung gegenüber der Marke (EM) in dieser Beziehung. Ziel ist es, die später zu bildenden Hypothesen wirksam zu prüfen und mögliche Korrelationen der verschiedenen Variablen übersichtlich darzustellen und zu erklären.

2 BEGRIFFLICHKEITEN

2.1 CELEBRITY

Unter dem Begriff „Celebrity" ist eine Person zu verstehen, die in der Gesellschaft eine große öffentliche Bekanntheit genießt.[1] In der Regel ist diese Popularität den besonders herausragenden Fähigkeiten des Celebrities in einem bestimmten Bereich des öffentlichen Interesses zu verdanken. Bemerkenswerte Leistungen in dem jeweiligen Feld, bzw. in den jeweiligen Feldern oder das Bekleiden einer angesehenen Position machten die Person zu einem Objekt der Bewunderung und des Respekts.[2] Turner fügt hinzu, dass Celebrities ihren Ruhm heute nicht unbedingt durch bemerkenswert gute Leistungen oder ihren hohen Rang erlangen. „Indeed, the modern celebrity may claim no special achievements other than the attraction of public attention [...]".[3] Als Beispiel nennt er das öffentliche Interesse durch die Teilnahme an Shows wie „Big Brother" oder „Survivor".

2.2 CELEBRITY ENDORSEMENT

Celebrity Endorsement ist die Bezeichnung für eine Marketingstrategie, bei der berühmte Persönlichkeiten dazu genutzt werden, Produkte, Dienstleistungen oder Marken zu fördern. Es handelt sich um eine Strategie, die sich seit Jahrzehnten als allgegenwärtiges Instrument des modernen Marketings etabliert hat. Der Celebrity Endorser ist demnach eine Person, die ihre öffentliche Bekanntheit im Namen eines Verbrauchsgutes für dessen Vermarktung nutzt, indem sie mit dem Gut in einer Werbung erscheint. Der oder die Prominente stellt dabei eine Empfehlung für das beworbene Produkt aus oder präsentiert es zumindest in irgendeiner Form.[4]

Aus einer Vielzahl von vergangenen Studien[5] geht hervor, dass das Werben für Produkte oder Dienstleistungen mit bekannten Persönlichkeiten einen signifikant positiven Einfluss auf die Werbeeffektivität haben kann. Die Prominenten stellen dabei nur eine von mehreren Gruppen von Endorsern dar, weshalb Celebrity Endorsement als eine Untergruppe des Testimonial

---

[1] Vgl. McCracken (1989): S. 310.

[2] Vgl. Pringle (2004): S. XXIV.

[3] Zit. Turner (2014): S. 3.

[4] Vgl. McCracken (1989): S. 310.

[5] Vgl. Atkin & Block (1983); Bergkvist & Zhou (2016).

Endorsement zu verstehen ist. Eine tabellarische Übersicht der vier verschiedenen Typen bietet die folgende Tabelle.

Art	Merkmale
Celebrity	Genießt öffentliche Anerkennung,[6] der breiten Öffentlichkeit aufgrund besonderer Leistungen bekannt, Beispiele: Schauspieler, Sänger, Comedian, Sportler[7]
Experte	Breites Wissen auf dem Gebiet des beworbenen Produkts, angesammelt durch Training, langjährige Erfahrung oder Studium[8]
CEO	Teil des beworbenen Unternehmens, Wahrnehmung der Konsumentenseite auf Basis des bestehenden Wissens zum Unternehmen des CEOs[9]
Typischer Konsument	Ähnlichkeit zur Zielgruppe, unbekannt für die breite Masse, berichtet von eigenen positiven Erfahrungen mit dem Produkt oder der Dienstleistung[10]

Tabelle 1: Verschiedene Endorsertypen[11]

Wie Untersuchungen von Choi, Lee und Kim (2017) ergaben, beinhalten knapp 10% der Fernsehwerbungen in den USA einen prominenten Fürsprecher, in Korea ist dies sogar in 57% aller TV-Spots der Fall.[12] Mehrere Studien aus den letzten Jahrzehnten untersuchten die Werbeeffektivität der vier Endorsertypen und kamen zu dem Ergebnis, dass die Werbung mit

---

[6] Vgl. McCracken (1989): S. 310.

[7] Vgl. Friedman (1976): S. 22.

[8] Vgl. Friedman (1976): S. 22.

[9] Vgl. Reidenbach & Pitts (1986): S. 32.

[10] Vgl. Friedman (1976): S. 22, Friedman & Friedman (1979): S. 63.

[11] Eigene Darstellung, in Anlehnung an McCracken (1989); Friedman (1979).

[12] Vgl. Choi, Lee & Kim (2017); S. 91.

Prominenten eine positivere Einstellung zur Werbung und höhere Kaufabsicht hervorruft, als der Einsatz von der Öffentlichkeit unbekannten Endorsern.[13]

Nach McCracken ist zwischen vier Arten des Endorsements zu unterscheiden, welche den Konsumenten auf unterschiedliche Weise ansprechen. In der folgenden Tabelle sind diese übersichtlich dargestellt.

Modus	Aussage/Erläuterung
Explizit	„Ich befürworte/empfehle dieses Produkt."
Implizit	„Ich verwende dieses Produkt."
Imperativ	„Sie sollten dieses Produkt verwenden."
Kopräsenz	Endorser tritt lediglich mit dem beworbenen Produkt in Erscheinung.

Tabelle 2: Arten des Endorsements[14]

2.3 SPORT-ENDORSER

Sport-Endorser können als prominente Persönlichkeiten definiert werden, die Ihre Bekanntheit durch besonderes Talent in einer sportlichen, im öffentlichen Interesse liegenden Disziplin erlangt hat und die aus der sportlich hervorragenden Leistung resultierenden Anerkennung dazu nutzt, um Produkte oder Dienstleistungen öffentlich zu befürworten.[15] Unter den verschiedenen Arten von Celebrities werden Sportler für Werbezwecke besonders hochgeschätzt.[16] Laut Brooks und Harris (1998) liegt dies in der Kombination von außergewöhnlichen Leistungen und einer hohen Medienkompetenz von Profisportlern begründet.[17] Wie die Ergebnisse der Arbeit von Elberse und Verleun (2012) zeigen, spielt die sportliche Leistung des Endorsers eine große Rolle. Mit jedem größeren Erfolg des Sportlers steigen die Umsätze des beworbenen Unternehmens merklich an.[18]

---

[13] Vgl. Friedman & Friedman (1979); Atkin & Block (1983); Petty et al. (1983); Ohanian (1991).

[14] Eigene Darstellung in Anlehnung an McCracken (1989): S. 310.

[15] Vgl. Darnell & Sparks (2007).

[16] Vgl. Choi & Rifon (2007).

[17] Vgl. Brooks & Harris (1998).

[18] Vgl. Elberse & Verleun (2012).

Als eine Unterform des Celebrity Endorsement ist ein hoher allgemeiner Bekanntheitsgrad Grundvoraussetzung für Sportler, um als Produktbefürworter zu fungieren. Da der Begriff „Sport-Celebrity" allerdings bislang noch keiner eingehenden wissenschaftlichen Untersuchung unterlag, ist nicht genau definiert, ab wann ein Sportler der „Sportprominenz" angehört. Schaaf (2010) sieht die Medien als großen Einflussfaktor. „Durch die redaktionelle Berichterstattung über ein Individuum entsteht als externer Effekt die Bekanntheit des Individuums als notwendige Voraussetzung für einen potenziellen Prominenzstatus".[19] Dies suggeriert, dass es nicht zwangsläufig eine hervorragende sportliche Leistung eines Athleten erfordert, um an Bekanntheit zu gewinnen. Als Beispiel für die Einflusskraft der Medien kann der Isländer Rurik Gislason genannt werden, der erst während der Fußball-Weltmeisterschaft 2018 internationale Prominenz erlangte. Dies ist weniger seiner sportlichen Leistung als vielmehr seinem gemeinhin als attraktiv geltenden Aussehen geschuldet. Eine Vielzahl von Medien, u.a. der Tagesspiegel, berichteten anschließend über Gislason und dessen Äußeres. Die Followerzahl des Instagram-Accounts Gisalsons stieg folglich von 40.000 auf knapp eine Million.[20]

2.4 GLAUBWÜRDIGKEIT IN DER MARKETINGKOMMUNIKATION

Die Glaubwürdigkeit im Rahmen der Übermittlung von Informationen rückt unter drei Voraussetzungen in den Fokus: Kommunikation, Unsicherheit und Relevanz. Die Beurteilung, ob eine Person oder eine Information glaubwürdig erscheint, findet immer bei der **Kommunikation** zwischen einem Sender und einem Empfänger statt. Der Sender überträgt dem Empfänger dabei Informationen, die diesem weitestgehend unbekannt sind. Eine Überprüfung dieser Informationen ist aus der Perspektive des Empfängers aufgrund unzureichenden Vorwissens oder fehlender Erfahrung nicht möglich, sodass **Unsicherheit** bezüglich des Wahrheitsgehalts herrscht. Wirken sich die im Kommunikationsprozess übertragenen Informationen anschließend auf die Entscheidungen und Handlungen des Empfängers aus, sind sie für diesen von **Relevanz**. Die Glaubwürdigkeit beeinflusst also Entscheidungen und Handlungsweisen, welche aus kommunizierten, nicht überprüfbaren Informationen resultieren.[21]

---

[19] Zit. Schaaf (2010) S. 33.

[20] Vgl. Stuttgarter Nachrichten (2019).

[21] Vgl. Eisend (2003): S. 7 ff.

Überträgt man diese Theorie auf die Ebene der Marketingkommunikation, wird die Bedeutung der Glaubwürdigkeit schnell deutlich. Ein Unternehmen übernimmt typischerweise die Rolle des Senders und übermittelt eine Botschaft, beispielsweise in Form von Werbung, an die Konsumenten, die als Empfänger fungieren. Die kommunizierten Inhalte bestehen in der Regel aus Informationen zum Unternehmen selbst oder dem eigenen Leistungsangebot und unterscheiden sich dabei häufig vom Kenntnisstand des Konsumenten. Da die Kommunikation zwischen Unternehmen und Zielgruppe sich auf die Kaufabsicht des Konsumenten auswirkt, ist sie für diesen relevant. Die Glaubwürdigkeit nimmt hier also eine wichtige Rolle ein.[22] Im Fall von Celebrity Endorsement übermittelt eine Person des öffentlichen Interesses eine Botschaft in dessen Namen. Es handelt sich dabei um einen bewussten Umweg im Kommunikationsprozess, welcher das Image und die Persönlichkeitsmerkmale des Prominenten in den Vordergrund rücken lässt.

2.5 WERBEWIRKUNG

Die Werbewirkung zeigt werbenden Unternehmen die Effektivität einer Werbemaßnahme auf und lässt sich anhand verschiedener verhaltenswissenschaftlicher Größen, wie der Markenkenntnis, Image der Marke, Erinnerung an die Werbebotschaft, Einstellung zur Marke und zur Werbung oder auch der Kaufabsicht messen. Diese Messgrößen werden zur Zielvorgabe sowie zur Kontrolle verwendet[23]Vergangene Werke, allen voran Lutz, MacKenzie und Belch (1983) stellten fest, dass die Konsumenten einer Werbebotschaft eine Einstellung zur Anzeige entwickeln, die sich auf die nachfolgenden Messgrößen Einstellung zur Werbung und Kaufabsicht auswirken. Das Konstrukt Haltung zur Marke nimmt in diesem Fall die Rolle des Mediators ein.[24] Eine genauere Erläuterung stellt das Werbewirkungsmodell von Kroeber-Riel bereit, nach dem beim Konsumenten einer Werbung durch dessen Aufmerksamkeit kognitive und/oder emotionale Vorgänge ausgelöst werden, die sich maßgeblich die Einstellung und somit schlussendlich auch die Kaufabsicht und das Verhalten des Rezipienten beeinflussen.[25]

---

[22] Vgl. Küster Rohde (2009): S. 7 f.

[23] Vgl. Esch (2018).

[24] Vgl. Lutz, MacKenzie & Belch (1983).

[25] Vgl. Kroeber-Riel, Weinberg & Gröppel-Klein (2009): S. 635 f.

3 CHANCEN UND RISIKEN EINER CELEBRITY ENDORSEMENT STRATEGIE

3.1 CHANCEN

Viele Unternehmen ziehen Celebrity Endorsement anderen Werbeinstrumenten aufgrund der großen Chancen vor. Diese Entscheidung ist häufig auch von Erfolg gekrönt, insbesondere, wenn eine gut durchdachte Auswahl des Endorsers stattfindet, sodass die Potenziale des Celebrity Endorsement optimal ausgeschöpft werden können. Da die die vorliegende Arbeit eher für Werbetreibende von Interesse ist, werden die Chancen und später auch die Risiken ausschließlich aus Unternehmensperspektive behandelt.

Primäres Ziel der Werbung mit Testimonials aller Art ist es, eine hohe Aufmerksamkeit für die eigene Werbeanzeige zu erlangen und eine möglichst positive Werbewirkung zu erzielen. Eine größere Chance, dieses Ziel zu erreichen, bietet die Zusammenarbeit mit Prominenten. Celebrities nehmen im Rahmen der Kommunikation mit der Zielgruppe eine Blickfänger-Funktion ein. Werbetreibende setzen mit dem Auftritt von Prominenten in der Werbung besondere Reize und versuchen so, die Aufmerksamkeit möglichst vieler Konsumenten auf die Werbung und die Marke zu richten.[26] Die hohe mediale Präsenz der Prominenten sorgt beim Publikum zudem für einen gewissen Wiedererkennungswert, sodass die Rezipienten die Werbung und damit auch die Marke und das Produkt leicht im Gedächtnis behalten.[27] Laut der Studien von Atkin und Block (1987) oder auch Ohanian (1991) erzeugten Celebrity Endorser im Vergleich zu unpopulären Produktbefürwortern bei den Konsumenten eine positivere Einstellung zur Werbung und schlussendlich auch eine höhere Kaufabsicht.

Eine weitere Chance beim Einsatz von Celebrities für Marketingzwecke stellt die Übertragbarkeit positiver Eigenschaften der Endorser auf das Produkt oder die beworbene Marke dar. Ist das Image eines Prominenten größtenteils positiv ausgeprägt, kann sich eine Werbung mit diesem Star als Produktbefürworter durch eine Aufwertung der Unternehmensreputation äußern. Auch die Bekanntheit des Endorser lässt sich auf Produkt und Marke übertragen.[28] Insbesondere Produkte, welche noch nicht über ein klar definiertes Image

---

[26] Vgl. Erdogan (1999): S. 291 ff., Olsson (2009): S. 14.

[27] Vgl. Erdogan, Baker & Tagg (2001): S. 39, Olsson (2009): S. 14 ff.

[28] Vgl. McCracken (1989): S. 312 ff.

verfügen und tendenziell neutral angesehen werden, haben das Potenzial, durch die Nutzung von ausgewählten Celebrities das Image zu erhalten, das vom Unternehmen gewünscht ist.[29]

Die Kooperation mit Berühmtheiten ermöglicht Unternehmen außerdem die Reichweite der Marketingkommunikation zielgruppengerecht zu steigern. Der Auftritt international bekannter Celebrities als Endorser kann trotz kultureller sowie geographischer Barrieren den Eintritt in internationale Märkte erleichtern.[30] Grundsätzlich erhöht Celebrity Endorsement Unternehmen die Chance, langfristige Umsatzsteigerung zu erzielen, sofern die Auswahl einer passenden Berühmheit gelingt und die hier beschriebenen Vorteile der Celebrity Endorsement Strategie genutzt werden können. Abbildung 1 veranschaulicht das Potenzial der Verkaufssteigerung am Beispiel der Kooperation von Nike Golf und Tiger Woods, welcher ab 2000 als Produktbefürworter für Golfprodukte von Nike auftrat.

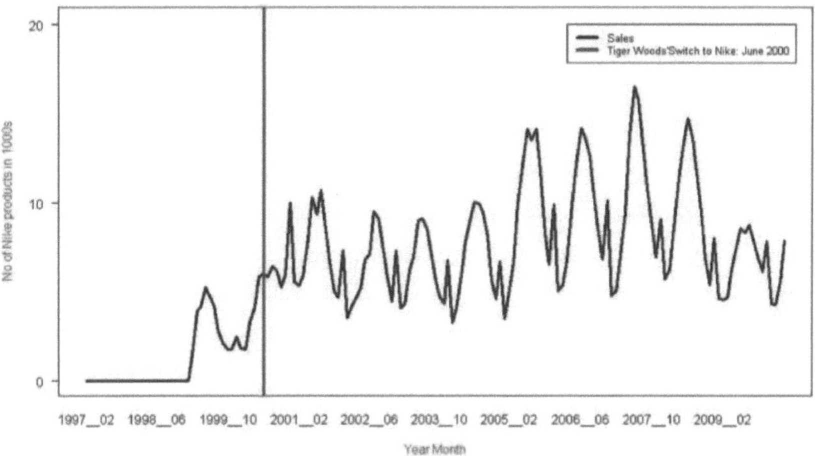

Abbildung 1: Absatzentwicklung von Nike Golfbällen nach dem Tiger Woods-Endorsement[31]

3.2 GEFAHREN

Trotz der großen Möglichkeiten, die eine Celebrity Endorsement Strategie mit sich bringt, ist nicht außer Acht zu lassen, dass die Kooperation mit Prominenten auch mit größeren Kosten und Risiken verbunden ist. Unternehmen, die sich für eine solche Strategie entscheiden, sollten

---

[29] Vgl. Walker, Langmeyer & Langmeyer (1992): S. 40 f.

[30] Vgl. Erdogan (1999): S. 295 f.

[31] Vgl. Chung, Derdenger & Srinivasan (2012): S. 13.

sich daher der besonderen Herausforderungen und den Gefahren, welche im Folgenden genauer beleuchtet werden, bewusst sein.

Prominente ziehen als Personen des öffentlichen Lebens eine große Aufmerksamkeit auf sich. Gewöhnlich wird jedes öffentliche Fehlverhalten von Celebrities von Presseseite dokumentiert und verbreitet. Negativen Neuigkeiten und Berichterstattungen über einen Produktbefürworter bleiben tendenziell eher im Gedächtnis der Konsumenten, was häufig einen Imageverlust zur Folge hat.[32] Negative Assoziationen des Endorsers können daraufhin auf das Markenimage übertragen werden. Das werbetreibende Unternehmen hat auf die Imageentwicklung seiner Endorser allerdings keinen Einfluss und kann eventuelle Schäden nur schwer reparieren.[33] Besonders groß ist diese Gefahr für Marken mit einem noch geringen Bekanntheitsgrad, bei denen der Celebrity hauptverantwortlich für die Bildung von Einstellungen der Konsumenten ist.[34] Till und Shimp (1998) untersuchten die Auswirkungen eines negativen Imagewandels von Celebrity Endorsern und konnten bestätigen, dass Skandale, wie Drogen- oder Alkoholmissbrauch, das Markenimage schädigen können.

Ein weiteres Risiko der Einbindung von Celebrities in die Werbung liegt in der Ausstrahlung des Prominenten selbst. Gemeint ist die Gefahr einer möglichen Überschattung, sodass die prominente Person den Großteil der Aufmerksamkeit auf sich lenkt und schlussendlich viel intensiver durch den Konsumenten wahrgenommen wird als das beworbene Produkt oder die Marke („Vampir-Effekt"). Die Rezipienten erinnern sich folglich zwar an den Endorser, jedoch weniger an die beworbene Marke.[35] Außerdem kann es für den Werbeeffekt von Nachteil sein, wenn Prominente mehrere Produkte bewerben, da dies den Konsumenten die Assoziation einer Berühmtheit mit einer Marke erschwert.[36] Hier leidet auch die Glaubhaftigkeit der Beziehung zwischen Celebrity und Unternehmen. Die Rezipienten entwickeln ein stärkeres Bewusstsein darüber, dass weniger die Befürwortung eines überzeugenden Produkts im Mittelpunkt steht

---

[32] Vgl. Till & Shimp (1998): S. 67 ff.

[33] Vgl. Erdogan, Baker & Tagg (2001): S. 40.

[34] Vgl. Till & Shimp (1998): S. 80.

[35] Vgl. Rossiter & Percy (1997): S. 261.

[36] Vgl. Mowen & Brown (1981).

als vielmehr die Vergütung für die Berühmtheit auf der einen Seite, sowie die Gewinnmaximierung auf der Unternehmensseite.[37]

Das Kapitel 3 zeigt, dass Celebrity Endorsements eine Menge Möglichkeiten für Unternehmen bieten, die Bekanntheit zu steigern, in neue Märkte vorzudrängen und den Absatz anzukurbeln, jedoch auch negative Entwicklungen nicht auszuschließen sind. Es ist somit zu konstatieren, dass für Unternehmen, die eine Celebrity Endorsement Strategie anstreben, eine genaue Planung von zentraler Bedeutung ist. Es muss eine auf die Unternehmensstrategie angepasste Auswahl des Endorsers erfolgen. Risiken wie ein möglicher Imageschaden sollten gründlich abgewogen werden.

---

[37] Vgl. Cooper (1984).

4 WIRKUNGSMODELLE

4.1 DREI KOMPONENTEN MODELL NACH OHANIAN

Das Drei Komponenten Modell wurde 1990 und 1991 von Ohanian mit dem Ziel veröffentlicht, ein umfangreicheres und genaueres Messinstrument für Analysen im Bereich Celebrity Endorsement zu entwickeln. Ergebnisse von zuvor durchgeführten Studien wurden dabei zusammengefasst und selektiert, sodass das Konstrukt „Glaubwürdigkeit" vereinheitlicht und anhand seiner Bestandteile bestmöglich repräsentiert werden konnte.[38] Das Drei Komponenten Modell stellt die Basis für die Bildung des Prädiktors im Rahmen der Primärforschung dieser Arbeit dar.

Die wahrnehmbare Glaubwürdigkeit einer Person lässt sich durch verschiedene Faktoren beeinflussen.[39] Im Rahmen des Verfahrens nach Ohanian dienen die Komponenten „Expertise", „Vertrauenswürdigkeit" sowie „Attraktivität" als beschreibende Bestandteile des Begriffs Glaubwürdigkeit. Die Elemente Expertise und Vertrauenswürdigkeit bilden den Kern des Source Credibility Modells (Hovland und Weiss, 1951), während die Attraktivität seinen Ursprung im Source Attractiveness Modell (McGuire, 1985) findet. Jene Modelle gelten als Vorreiter des Drei Komponenten Modells von Ohanian und sollen aus diesem Grund im Folgenden grob vorgestellt werden.

Das **Source Credibility Modell** von Hovland, Janis und Kelley wurde 1953 fertiggestellt, wobei Hovland bereits zuvor gemeinsam mit Weiss („The influence of Source Credibility on Communication Effectiveness", 1951) den Grundstein für dieses Modell legte. In dieser Arbeit stellten sich Hovland und Weiss die Frage, inwieweit die Glaubwürdigkeit einer Quelle sich auf Meinungsänderungen einer Gruppe auswirkt. Sie fanden heraus, dass die Meinungsänderungen von Studenten signifikant von der Wahrnehmung des Kommunikators abhängen. Die Probanden neigten im Falle einer sehr glaubwürdigen Quelle deutlich häufiger dazu, sich der jeweils vertretenen Meinung anzunähern, als bei als sehr unglaubwürdig eingeschätzten Übermittlern einer Botschaft. Zudem erkannten Hovland und Weiss, dass die positive Wirkung der glaubwürdigeren Quelle nach einem bestimmten Zeitraum abschwächte, während die der unglaubwürdigen Quelle intensiver wurde. Zu erklären ist das dadurch, dass die Probanden sich nicht gänzlich an den Kommunikator erinnern konnten. Dieser Effekt ist in

---

[38] Vgl. Ohanian (1990): S. 39 f.

[39] Vgl. Ohanian (1990): S. 41.

der Literatur unter dem Begriff „Sleeper Effekt" bekannt.[40] In der zwei Jahre später publizierten Arbeit von Hovland, Janis und Kelley (1953) unterlagen dem Konstrukt Glaubwürdigkeit mit Expertise und Vertrauenswürdigkeit nun zwei Variablen.[41] Insgesamt ist also zu konstatieren, dass Informationen, die von einer besonders glaubwürdigen Quelle ausgehen, durch den sogenannten Internalisierungsprozess einen positiven Einfluss auf Meinungen, Einstellungen sowie das Verhalten der Empfänger, insbesondere auf kurzfristige Sicht, haben kann.[42]

Mehr als drei Jahrzehnte später wurde das **Source Attractiveness Modell** durch McGuire (1985) entwickelt. Nach diesem Modell hängt der Erfolg einer von Celebrity Endorsement gekennzeichneten Werbung maßgeblich von der Attraktivität des Produktbefürworters ab, wobei hier nicht nur die äußerliche Schönheit eine Rolle spielt, sondern auch intellektuelle Qualitäten oder der Lebensstil. Nach McGuire lässt sich die Attraktivität von Endorsern anhand von drei Komponenten bestimmten. Diese sind Ähnlichkeit („similarity"), Vertrautheit („familarity") und Sympathie („likeability").[43] Die Ähnlichkeit zielt darauf ab, inwieweit der Empfänger der Werbebotschaft das Gefühl hat, der bekannten Persönlichkeit zu gleichen, sei es beispielsweise bezüglich der Persönlichkeit oder dem Äußeren. Mit der Vertrautheit ist gemeint, wie gut der Konsument den Produktbefürworter kennt. Je größer das Vorwissen, desto vertrauter wirkt der Celebrity auf den Empfänger. Das dritte Konstrukt Sympathie beschreibt, wie groß die Zuneigung zum Endorser ist und wird durch das Verhalten sowie das äußere Erscheinungsbild bestimmt. Das Source Attractiveness Modell von McGuire zeigt auf, dass eine Quelle, die als beliebt, vertraut und ähnlich der eigenen Person wahrgenommen wird, stärker akzeptiert wird und somit eine bessere Wirkung auf das Kaufverhalten der Konsumenten einer Werbung hat.[44]

Sowohl das Source Credibility Modell nach Hovland und Weiss als auch das Source Attractiveness Modell nach McGuire wurden im Laufe der Zeit durch mehrere Studien geprüft und konnten sich so in der Literatur festigen.[45] Ohanian bezog bei der Entwicklung des „Drei

---

[40] Vgl. Hovland & Weiss (1951): S. 635 ff.

[41] Vgl. Hovland, Janis & Kelley (1953).

[42] Vgl. Erdogan (1999): S. 297.

[43] Vgl. McGuire (1985): S. 264.

[44] Vgl. Erdogan (1999): S. 299 f.

[45] Vgl. McCracken (1989): S. 311.

Komponenten-Modells" jene Dimensionen der älteren Modelle ein und sammelte eine Vielzahl von Adjektiven zusammen. Aus diesen wurden über verschiedene Methoden 15 Elemente ausgewählt, welche die drei Latenten Variablen möglichst präzise definierten. In Tabelle 3 sind die ausgewählten Adjektive und deren Antonyme ins Deutsche übersetzt dargestellt.

Attraktivität	Expertise	Vertrauenswürdigkeit
Attraktiv - Unattraktiv	Experte - Kein Experte	Zuverlässig - Unzuverlässig
Schön - Hässlich	Erfahren - Unerfahren	Ehrlich - Unehrlich
Stilvoll - Stillos	Kenntnisreich - Unwissend	Aufrichtig - Unaufrichtig
Elegant - Unelegant	Qualifiziert - Unqualifiziert	Vertrauenswürdig - Nicht vertrauenswürdig
Sexy - Nicht sexy	Kompetent - Inkompetent	Verlässlich - Unverlässlich

Tabelle 3: Skala zur Messung von Glaubwürdigkeit nach Ohanian

4.2 MATCH-UP HYPOTHESE

Während die Source Modelle und das davon abgeleitete Drei Komponenten Modell davon ausgehen, dass bestimmte Eigenschaften des Endorsers entscheidend für die Erzielung einer hohen Werbewirkung sind, unterstreicht die Match-Up Hypothese die Relevanz einer Übereinstimmung zwischen Endorser und Marke zur Steigerung von Einstellungen und Kaufabsicht der Konsumenten. Ein „Fit" ist also dann gegeben, wenn die Attribute des Testimonials und die des Produkts, bzw. der Marke nach Ansicht der Empfänger der Werbebotschaft zusammen harmonieren.[46]

Den Grundstein der Theorie legte die Studie von Kanungo und Pang (1973), in der es um die Wirkung verschiedener Models auf die wahrgenommene Qualität von Produkten geht. Kanungo und Pang kamen zu dem Ergebnis, dass die Wirkung der Models sich nach Produktart veränderte und nannten die Stimmigkeit von Produkt und Model „Fittingness".[47] Kahle und Homer erweiterten 1985 die Forschung in Bezug auf Celebrity Endorser und stellten fest, dass

---

[46] Vgl. Kamins (1990): S. 5.

[47] Vgl. Kanungo & Pang (1973).

Produkte und Marken positiver eingeschätzt werden, sobald ein Match gegeben ist.[48] Auch Kamins (1990) bestätigte die Ergebnisse anhand eines Experiments unter Verwendung von Printanzeigen, in denen Produkte mit hohem und niedrigem Attraktivitätsbezug von jeweils einem attraktiven und einem weniger attraktiven Prominenten präsentiert wurden. Es stellte sich heraus, dass ein „Fit" die Einstellung zur Marke verbesserte. Das bedeutet, dass Produkte und Dienstleistungen, welche allgemein mit physischer Attraktivität assoziiert werden, von gutaussehenden Endorsern beworben werden sollten, damit eine höhere Werbewirkung erzielt werden kann.[49] Diese Erkenntnisse fasste Kamins unter dem Begriff „Match-Up Hypothese" zusammen.[50]

Zudem fanden Kamins und Gupta (1994) heraus, dass eine stärkere Endorser-Produkt-Kongruenz mit einer höheren Glaubwürdigkeit, sowohl für den Endorser als auch für das werbetreibende Unternehmen, einhergeht.[51] Für die vorliegende Arbeit spielt diese Erkenntnis eine wichtige Rolle, denn sie beweist, dass die wahrgenommene Glaubwürdigkeit nicht ausschließlich von der physischen Attraktivität oder der Persönlichkeit abhängt, sondern zusätzlich vom Produkt, welches befürwortet wird. Hierauf wird später im Rahmen der Primärforschung noch einmal eingegangen.

4.3 MEANING TRANSFER MODELL

Angetrieben von der Überzeugung, dass die Source Modelle allein für die Erklärung der Effektivität des Celebrity Endorsement unzureichend sind, entwickelte McCracken 1989 das Meaning Transfer Modell. Mit diesem versuchte McCracken die Gründe zu liefern, warum ein Rezipient bestimmte Celebrities vorzieht und weshalb er sich mit einigen identifizieren kann. Das Meaning Transfer Modell setzt bei den verschiedenen Attributen von Prominenten an wie dem Lebensstil, der Persönlichkeit oder dem Status und beschreibt die Übertragung dieser Attribute auf die Marke.[52]

Prominente können ihre Bekanntheit durch eine außergewöhnliche Persönlichkeit, ein sehr attraktives Äußeres, einen besonderen Lifestyle oder durch besonderes Talent und

---

[48] Vgl. Kahle & Homer (1985).

[49] Vgl. Kamins (1990): S. 9 ff.

[50] Vgl. Kamins (1990): S. 4.

[51] Vgl. Kamins & Gupta (1994): S. 578.

[52] Vgl. McCracken (1989): S. 312.

hervorragende Leistungen in bestimmten Gebieten erlangt haben. Die Wahrnehmung eines Celebrities wird durch die Summe der Einstellungen der Konsumenten ihm gegenüber sowie der Bedeutungen beeinflusst die ihm beigemessen werden.[53] Die Übertragung dieser Summe von Endorser auf die Marke bildet den Kern des Meaning Transfer Modells.

Das Modell wird in drei Phasen eingeteilt, welche McCracken Kultur, Endorsement und Konsum nennt. Eine übersichtliche Darstellung dieser drei Phasen ist in Abbildung 2 aufgezeigt.

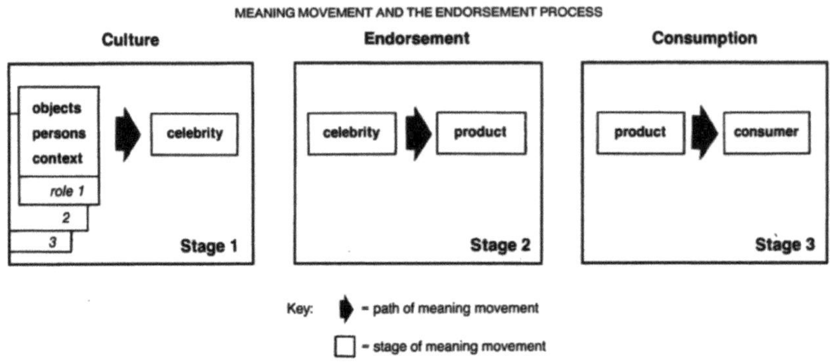

Abbildung 2: Drei Phasen des Meaning Transfer Modells[54]

In der ersten Phase geht es um die Bildung des Celebrity-Images, welche von der Art und Weise der medialen Präsenz sowie der kulturellen Eigenschaften der Gesellschaft abhängt. Für jede Kultur sind bestimmte Werte von größerer Bedeutung als andere. Es ist daher entscheidend, die Werte, welche im Transferprozess übertragen werden sollen, zu identifizieren. Phase zwei, das Endorsement, beinhaltet die Entwicklung der Werbekampagne, durch die die vom Prominenten verkörperten Bedeutungen auf die Marke übertragen werden sollen. Hier ist es entscheidend, darauf zu achten, ausschließlich die für die Übertragung gewünschten Bedeutungen zu senden, damit der gewünschte Effekt eintritt. Dies macht die Auswahl eines passenden Endorser, der die angestrebten Attribute enthält, so wichtig. Entsteht dadurch ein starkes Match zwischen Produkt und Celebrity, so kommt es zu einem Bedeutungstransfer vom Prominenten zur Marke bis hin zum Empfänger der Werbebotschaft. In der Konsumphase entstehen schlussendlich laut Modell durch die Übertragung neuer Bedeutungen der Marke ausgehend vom Endorser

---

[53] Vgl. McCracken (1989): S. 312 ff.

[54] Vgl. McCracken (1989): S. 315.

Änderungen bezüglich der Meinung, Einstellung und des Verhaltens des Konsumenten. Das Verinnerlichen dieser Bedeutungen entsteht durch die wiederholte Nutzung des beworbenen Produkts, bzw. der Dienstleistung.[55] Die Wirkung des Meaning Transfer Modells konnte in einigen Studien bestätigt werden.[56]

---

[55] Vgl. McCracken (1989): S. 314 ff.

[56] Vgl. Langmeyer & Walker (1991): S. 368, Miller & Allen (2012): S. 447 f.

5 ENTWICKLUNG DER HYPOTHESEN

In diesem Abschnitt der Arbeit werden die zentralen Fragestellungen nun in empirisch überprüfbare Hypothesen umgewandelt. Im Mittelpunkt steht der Einfluss der wahrgenommenen Glaubwürdigkeit. Es gilt also zunächst, die Frage nach der Korrelation zwischen der Endorser Glaubwürdigkeit und der Einstellung zur Werbung. Somit lautet die Hypothese 1:

H1: Es besteht ein signifikant positiver Zusammenhang zwischen der durchschnittlichen wahrgenommenen Glaubwürdigkeit der Sportler und der durchschnittlichen Einstellung zur Werbung.

Unter der Annahme, dass die Variablen Haltung zur Werbung sowie die Haltung zur Marke gemeinsam auf die Kaufabsicht wirken, liegt eine sich gegenseitige Korrelation nahe. In diesem Zusammenhang haben in der Vergangenheit verschiedene Studien den direkten Pfad von der Einstellung gegenüber der Werbung zur Markeneinstellung aufgezeigt.[57] Dies wird auf Basis der im Rahmen dieser Studie gesammelten Daten abermals geprüft, was folgende Hypothese aufstellt:

H2: Es besteht ein signifikant positiver Zusammenhang zwischen der durchschnittlichen Einstellung zur Werbung und der durchschnittlichen Einstellung zur Marke.

Nun stellt sich zudem die Frage, ob eine Entwicklung einer Einstellung gegenüber der Marke eine Änderung der Kaufabsicht nach sich zieht. Hypothese 3 postuliert:

H3: Es besteht ein positiver Zusammenhang zwischen der durchschnittlichen Einstellung zur Marke und der durchschnittlichen Kaufabsicht.

Weiterhin gilt es zu prüfen, ob es zwischen dem Prädiktor Glaubwürdigkeit und der abhängigen Variable Kaufabsicht einen direkten Zusammenhang gibt. Dies soll im Rahmen der Modellanalyse berechnet werden:

H4: Es besteht ein positiver Zusammenhang zwischen der durchschnittlichen wahrgenommenen Glaubwürdigkeit des Sportlers und der durchschnittlichen Kaufabsicht des Konsumenten.

---

[57] Vgl. Lafferty & Newell (2000), MacKenzie & Lutz (1989).

Zusätzlich versucht die Studie die Frage zu beantworten, welche der drei Komponenten der Glaubwürdigkeit einen signifikanten Einfluss auf die Kaufabsicht haben. Folgende Hypothesen Werden sollen daher geprüft werden:

H4a: Es gibt einen signifikanten Zusammenhang zwischen der wahrgenommenen Attraktivität der Sportler und der Kaufabsicht.

H4b: Es gibt einen signifikanten Zusammenhang zwischen der wahrgenommenen Expertise der Sportler und der Kaufabsicht.

H4c: Es gibt einen signifikanten Zusammenhang zwischen der wahrgenommenen Vertrauenswürdigkeit der Sportler und der Kaufabsicht.

Ein weiterer Schwerpunkt der Arbeit stellt die Prüfung der Einstellung gegenüber der Werbung und die Einstellung gegenüber der Marke auf eine Mediatorrolle in der Beziehung zwischen der Glaubwürdigkeit des Endorsers und der Kaufabsicht. Hypothese 5 behauptet somit:

H5: Die Einstellung gegenüber der Werbung und die Einstellung gegenüber der Marke fungieren als serielle Mediatoren in der Beziehung zwischen der Glaubwürdigkeit und der Kaufabsicht.

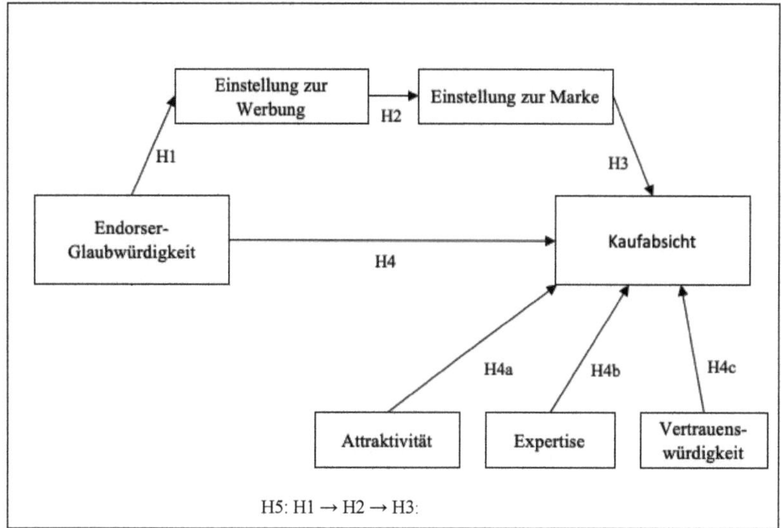

Abbildung 3: Theoretisches Modell

6 Methodisches Vorgehen

6.1 Vorauswahl und Pre-Test

Die praktisch effizienteste Methode, um die Bedeutung und den Einfluss der Glaubwürdigkeit von Sport-Endorsern zu untersuchen ist es, die Wirkung von Werbung mit als sehr glaubwürdig und als sehr unglaubwürdig empfundenen Sportstars im Rahmen eines Modells zu analysieren. Um eine möglichst realitätsgetreue Forschung zu gewährleisten, sollen reale Sportstars mit hohem Bekanntheitsgrad in die Rolle von Sport-Endorsern gesetzt werden und ein fiktives Produkt sowie eine fiktive Marke bewerben. Bevor die Hypothesen empirisch getestet werden können, ist deshalb ein Pre-Test notwendig, in dem eine Bewertung der Glaubwürdigkeit von bekannten deutschen Sportlern nach dem Modell von Ohanian (1991) vorgenommen wird. Im Vorweg dieses Schritts ist eine Vorauswahl von deutschen Sportlern vorzunehmen, die bewertet werden sollen. Dies funktioniert, indem eine gewisse Anzahl von Teilnehmern zehn ihnen bekannte deutsche Sportpersönlichkeiten nennen. Bei den nun zehn meistgenannten Sportlern kann von einem allgemein hohen Bekanntheitsgrad ausgegangen werden.

Im Pre-Test erfolgt daraufhin eine Einstufung der wahrgenommenen Glaubwürdigkeit durch eine etwas größere Anzahl von Probanden. Die zehn am häufigsten genannten Sportler werden hinsichtlich ihrer Glaubwürdigkeit nach Ohanian anhand der drei Komponenten Attraktivität, Expertise und Vertrauenswürdigkeit bewertet. Diese wiederum werden durch je fünf manifeste Variablen gemessen. Sobald sich ein eindeutiges Bild ergibt, erfolgt eine tabellarische Listung der Sportler nach Grad der Glaubwürdigkeit, wobei jede der drei Komponenten mit 33,3% gewichtet wird. Es folgt die Erstellung einer eigens kreierten Printanzeige durch Photoshop, indem ein Produkt mit Sportbezug einer nicht existenten Marke beworben wird. Abbildungen der beiden am glaubwürdigsten sowie der beiden am unglaubwürdigsten wahrgenommenen Sportler werden im nächsten Schritt in diese Werbeanzeigen eingefügt.

Um eine Vorauswahl bekannter deutscher, noch aktiver Sportler zu treffen, wurden insgesamt 23 Personen im Alter von 18-30, 14 männliche und neun weibliche Personen, gebeten, zehn prominente Sportler aus jedweden Sportarten zu nennen. Die zehn meistgenannten Sportler werden im Folgenden aufgelistet:

Manuel Neuer (Fußball)

Toni Kroos (Fußball)

Sebastian Vettel (Formel 1)

Mesut Özil (Fußball)

Mats Hummels (Fußball)

Joshua Kimmich (Fußball)

Alexander Zverev (Tennis)

Timo Boll (Tischtennis)

Dennis Schröder (Basketball)

Martin Kaymer (Golf)

Im Rahmen des Pretests wurden die Ergebnisse von 27 Teilnehmern zwischen 20 und 28 Jahren gezählt. 18 dieser Teilnehmer sind männlich, neun weiblich. Grundvoraussetzung für die aussagekräftige Bewertung der Glaubwürdigkeit der zehn abgebildeten Sportler ist die Kenntnis dieser Individuen. Aus diesem Grund wurden zuvor jene Teilnehmer, denen nicht jeder einzelne der Stars bekannt war, eliminiert. Die Messung der wahrgenommenen Glaubwürdigkeit dieser zehn Profisportler fand auf Grundlage der Skala von Ohanian (1991) statt. Nach Auswertung aller Antworten befanden sich Mats Hummels und Manuel Neuer auf den Plätzen eins und zwei, während Mesut Özil (Platz zehn) und Alexander Zverev (Platz neun) am unglaubwürdigsten wahrgenommen wurden. Drei dieser vier Sportstars gehören der Disziplin Fußball an, was beim Blick auf eine Statista-Studie der beliebtesten Sportarten nach Interesse der deutschen Bevölkerung nicht verwunderlich ist: 33,6 % der Befragten gaben an, sich besonders stark für Fußball zu interessieren. Damit steht der Volkssport mit großem Abstand vor den Disziplinen Skispringen (14%) und Handball (13,3%). [58] Diese vier „auserwählten" Profisportler sollten somit zentraler Bestandteil der Primärforschung werden.

Hummels, Neuer und Özil spielten allesamt bei der Fußball-Weltmeisterschaft 2014, welche die deutsche Nationalmannschaft für sich entscheiden konnte, eine Schlüsselrolle. Jedoch geriet Mesut Özil vor allem im Vorfeld der WM 2018 in Negativschlagzeilen, nachdem er gemeinsam mit dem in Deutschland vielfach kritisierten türkischen Präsidenten Recep Tayyip Erdoğan für

---

[58] Pawlik, Statista (2021).

ein Foto posierte. Als Antwort auf ein breites Medienecho löste Özil eine Rassismus-Debatte in Deutschland aus. Nachdem bereits Mercedes den Markenbotschaftervertrag mit Özil 2018 auslaufen ließ, beendete auch Adidas 2020 eine seit 2013 laufende Zusammenarbeit.[59]

Alexander Zverev ist momentan der bekannteste und erfolgreichste aktive männliche Tennisspieler Deutschlands. Dass er dennoch laut den Ergebnissen des Pretests die zweitgeringste Glaubwürdigkeit unter den zehn aufgeführten Sportlern aufweist, könnte einigen Skandalen, die in der jüngeren Vergangenheit Thema in der Presse waren, geschuldet sein. Zverev fiel negativ auf, nachdem er sich im Juni 2020 im Anschluss an eine Teilnahme am vom Corona-Virus befallenen Adria-Turnier aus eigenem Antrieb heraus eine zweiwöchige Quarantäne auferlegte. Nur wenige Tage später wurde er jedoch auf einer Party gefilmt, auf der zahlreiche Personen zu Gast waren. Folglich ging dieses Video viral.[60] Im Oktober 2020 bezichtigte ihn seine ehemalige Partnerin Olga Sharypova der häuslichen Gewalt.[61] Unabhängig vom Wahrheitsgehalt dieser Meldung kann diese Art von News zweifelsfrei einen immensen Imageschaden nach sich ziehen.

Insbesondere die Vertrauenswürdigkeit der beiden Athleten dürfte aufgrund der beschriebenen Vorfälle und Meldungen gelitten haben. Das Verhalten dieser Profisportler werden viele Menschen zudem mit großer Wahrscheinlichkeit als unprofessionell aufgefasst haben, was sich womöglich negativ auf die wahrgenommene Expertise ausgewirkt hat.

6.2 ERSTELLUNG DER STIMULI

Mittels Photoshop wurden durch den Autor vier Werbeanzeigen in Form von Werbebannern erstellt, wobei jeder der vier im Pretest auserwählten Sportler jeweils eine dieser Anzeigen ziert. Auf diesen Werbebildern ist neben einem der berühmten Sportstars auch eine Flasche eines Isotonischen Sportdrinks zu sehen, bei der es sich um ein fiktives Produkt der gleichermaßen fiktiven Marke „Iso-Perform" handelt. Der Autor entschied sich gegen die Nutzung einer etablierten, weitestgehend bekannten Marke, um vollkommene Unvoreingenommenheit gegenüber Werbung und Marke sicherzustellen.

Weiterhin war es dem Autor der Thesis ein besonderes Anliegen, die vier Sportler in einer möglichst neutralen Pose und neutralen Mimik mit schlichtem Outfit abzubilden. Abbildungen

---

[59] Vgl. tz (2020).

[60] Vgl. Tagesschau (2020).

[61] Vgl. Stern (2020).

der Profis in Aktion in den jeweiligen Disziplinen lenken die Aufmerksamkeit der Konsumenten auf die Sportart, das Sportsdress sowie die körperliche Haltung bei der Ausführung des Sports. Stattdessen soll der Versuch unternommen werden, den Fokus rein auf das Gesicht und den Oberkörper des Celebrities zu legen, sodass eine möglichst unverfälschte Bewertung der Person, bzw. dessen Glaubwürdigkeit ermöglicht werden kann.

Die Werbeanzeigen sind so kreiert, dass der jeweilige Sportler im linken Teil des Bildes zu sehen sind. Sie alle stehen aufrecht, Oberkörper und Blick zum Betrachter der Werbung zeigend und tragen ein leichtes Lächeln im Gesicht. Über dem Kopf der Sportstars befindet sich die Werbebotschaft „Push your Game to the Limit!". Außerdem ist in kleinerer Schrift der Hashtag „#performlike(Name des Sportlers) zu lesen. Auf der rechten Seite der Werbeanzeige wird das Produkt, ein isotonisches Sportgetränk der Marke Iso-Perform präsentiert. Der Endorser nimmt also die Rolle der Kopräsenz in der Werbung ein (Siehe Tabelle 2) Mit der Wahl eines Sportprodukts wird sichergestellt, dass ein Produkt-Endorser-Match entsteht, wodurch die wahrgenommene Glaubwürdigkeit der Sportler erhöht wird. Unter dem Produkt stehen der Markenname, das Markenlogo sowie der Slogan „Time to show up.". Die vier selbst erstellten Werbebanner werden im Folgenden nacheinander in den Abbildungen 4, 5, 6 und 7 dargestellt.

Abbildung 4: Werbeanzeige mit Mats Hummels als Endorser

Abbildung 5: Werbeanzeige mit Manuel Neuer als Endorser

Abbildung 6: Werbeanzeige mit Alexander Zverev als Endorser

Abbildung 7: Werbeanzeige mit Mesut Özil als Endorser

6.4 VARIABLEN

6.4.1 UNABHÄNGIGE VARIABLEN

Die wahrgenommene Glaubwürdigkeit der betrachteten Profisportler bildet die unabhängige Variable der Forschungsarbeit. Durch die Werte dieser Variable sollen die Ausprägungen weiterer Variablen erklärt werden. Die Glaubwürdigkeit setzt sich zusammen aus der wahrgenommenen Attraktivität, Expertise und Vertrauenswürdigkeit der Sportler. Diese Konstrukte erster Ordnung sind ebenfalls als unabhängige, latente Variablen anzusehen, welche sich aus jeweils fünf manifesten, direkt beobachtbaren Variablen bilden lassen.

Eine Übersicht der unabhängigen Variablen folgt in Tabelle 4.

Konstrukt zweiter Ordnung	Konstrukte erster Ordnung	Messgrößen
	Attraktivität	Attraktiv
		Schön
		Stilvoll
		Elegant
		Sexy

Glaubwürdigkeit	**Expertise**	Experte
		Erfahren
		Kentnisreich
		Qualifiziert
		Kompetent
	Vertrauenswürdigkeit	Zuverlässig
		Ehrlich
		Vertrauenswürdig
		Aufrichtig
		Verlässlich

Tabelle 4: Die Komponenten der Glaubwürdigkeit und deren Messgrößen

6.4.2 ABHÄNGIGE VARIABLE

Die Kaufabsicht bildet ein wichtiges Konstrukt in der Theorie des Konsumentenverhaltens, anhand dessen die Einschätzung der Konsumenten über die Wahrscheinlichkeit eines zukünftigen Kaufs der beworbenen Marke ermittelt wird.[62] Die Absicht, einen Kauf in Betracht zu ziehen, wird durch die Einstellungen des Konsumenten gegenüber dem Produkt, der Werbung oder der Marke beeinflusst. Um das zukünftige Kaufverhalten einer Zielgruppe zu ermitteln, dienen Kaufabsichten als zuverlässigere Prädiktoren als Einstellungen.[63]

Zur Messung der Kaufabsicht wurden die Studienteilnehmer gebeten, die folgenden Items anhand einer 7-Punkte Likert-Skala zu bewerten: sehr wahrscheinlich/ sehr unwahrscheinlich, möglich/ unmöglich.[64] Hierbei orientierte sich der Autor an der 1990 von Yi entwickelten Skala.

6.4.3 MEDIATOREN

Eine Variable wird als Mediator bezeichnet, sofern sie die Beziehung zwischen einem Prädiktor und einem Outcome erklärt. Eine Mediatorvariable hilft demnach dabei, aufzuzeigen, wie ein Prädiktor ein Ergebnis beeinflusst.[65] Im Rahmen dieser Arbeit wird geprüft, ob die Einstellung gegenüber der Werbung sowie die Einstellung gegenüber der Marke eine vermittelnde Funktion

---

[62] Vgl. Lutz, Mackenzie & Belch (1983).

[63] Vgl. Kirchgeorg (2018).

[64] Vgl. Yi (1990).

[65] Vgl. Baron & Kenny (1986).

zwischen der wahrgenommenen Glaubwürdigkeit von Profisportlern und der resultierenden Kaufabsicht einnehmen. Im Folgenden werden beide Variablen kurz erläutert und im Anschluss die Messgrößen vorgestellt.

Eine Einstellung kann definiert werden als eine gefestigte Meinung zu Personen oder Dingen, die als relativ stabil wahrgenommen wird und eine dauerhafte Neigung zu einem bestimmten Verhalten darstellt, welche diese Meinung widerspiegelt.[66] Somit ist die Einstellung gegenüber einer Werbung als Prädiktor für die Reaktion des Konsumenten auf eine Werbeanzeige in positiver oder auch negativer Weise anzusehen.[67] Eine Vielzahl von Studien behandelt die Einstellung ′gegenüber der Werbung als Haupteinflussgröße auf die Einstellung gegenüber der Marke, wobei angenommen wird, dass beide Größen maßgeblich auf die Kaufabsicht des Konsumenten wirken.[68] Studien von Goldsmith et al (2000) zeigten, dass es eine direkte Verbindung zwischen der Einstellung gegenüber der Werbung und der Kaufabsicht gibt, gleich ob der Konsument mit der beworbenen Marke bereits vertraut ist oder nicht.

Die Einstellung gegenüber der Marke beschreibt die Neigung, nach Betrachtung einer Werbeanzeige positiv oder negativ auf eine bestimmte Marke zu reagieren. Es herrscht generelle Einigkeit, dass bei unbekannten Marken eine direkte Verbindung zwischen der Einstellung gegenüber der Werbung und der Einstellung gegenüber der Marke existiert. Dies ändert sich jedoch, sobald ein Vorwissen zur Marke, bzw. Markenbekanntheit besteht. Genau wie die Einstellung gegenüber der Werbung hat auch die Einstellung gegenüber der Marke einer Vielzahl von Studien zufolge einen direkten Einfluss auf die Kaufabsicht.[69]

Zur Messung der Einstellungen gegenüber der Werbung und der Marke, wird in beiden Fällen eine 7-stufige Likert-Skala verwendet, anhand derer folgende Items bewertet wurden: gut/ schlecht, günstig/ ungünstig und angenehm/ unangenehm.[70] Diese Skala ist bereits in vergangenen Forschungsstudien empirisch validiert worden.[71]

---

[66] Vgl. Abate (1999): S. 44.

[67] Vgl. Lutz, MacKenzie & Belch (1983).

[68] Vgl. Goldsmith, Lafferty & Newell (2000).

[69] Vgl. Shimp & Gresham (1985); Goldsmith, Lafferty & Newell (2000).

[70] Vgl. MacKenzie & Lutz (1989).

[71] Vgl. Goldsmith, Lafferty & Newell (2000); Lafferty & Goldsmith (1999).

Mit dem Ziel, die Genauigkeit der Ergebnisse zu optimieren, werden im Rahmen der Forschung alternative Faktoren geprüft, welche die abhängigen Variablen beeinflussen könnten. Auf diese Weise isoliert die Studie die hypothetischen Beziehungen und minimiert die durch andere Variablen verursachte Varianz. Folglich wurden die folgenden zusätzlichen Variablen als Kontrollen hinzugefügt:

Als eine übliche Kontrollvariable wird das **Alter** herangezogen. In erster Linie wurde diese Variable verwendet, um die anfangs festgelegte Definition der Altersgruppe umzusetzen. Jedoch ist die Kluft zwischen dem jungen Erwachsenenalter und Ende 20-Jährigen groß genug, als dass es sinnvoll erscheint, zu prüfen, ob eine Altersklasse eventuell „anfälliger" auf Werbung für Sportprodukte mit Sportendorsern reagiert.

Eine weitere Kontrollvariable der vorliegenden Studie ist das **Geschlecht**. Dies hat mehrere Gründe, welche direkt mit weiteren Kontrollvariablen in Verbindung stehen. Zum ersten handelt es sich bei den vier Sportlern, welche Teil der Stimuli darstellen, um Personen männlichen Geschlechts. Da nach dem „Drei Komponenten Modell" nach Ohanian die wahrgenommene Attraktivität eine große Rolle spielt, stellt sich die Frage, ob Männer und Frauen, vor dem Hintergrund, dass üblicherweise die absolute Mehrheit der Bevölkerung heterosexueller Orientierung ist, eine gleichermaßen neutrale Bewertung abgeben werden. Zudem unterscheiden sich Männer und Frauen hinsichtlich des allgemeinen Interesses am Profisport sowie der sportlichen Aktivität. Laut Sportstudie Berlin (2017) besuchen 44,3% der männlichen Einwohner Berlins mindestens einmal im Jahr eine Sportveranstaltung. Bei den Frauen ist das Interesse mit 29,1% deutlich geringer. Zwar ist laut derselben Studie der Anteil der sich regelmäßig sportlich betätigenden Menschen zwischen 19 und 30 Jahren sowohl bei Männern als auch bei Frauen mit circa 90% sehr ähnlich, jedoch ist der Anteil an sportlich sehr aktiven Menschen (>4 Stunden pro Woche) laut Gesundheitsberichterstattung des Bundes (2012) bei Männern (25,4%) deutlich größer als bei Frauen (17,3%).[72] Warum diese Merkmale wichtige Faktoren sein könnten wird im Folgenden ausführlicher erklärt.

Die Bewerbung von Produkten aus dem Sportbereich durch einen bekannten Profisportler ist als ein zentraler Bestandteil der Arbeit anzusehen. In der Werbeanzeige, welche den Teilnehmern in den Umfragen präsentiert wird, bewirbt ein weltweit bekannter und anerkannter

---

[72] Vgl. Gesundheitsberichterstattung des Bundes (2012).

Sportler ein isotonisches Sportgetränk. Das bedeutet, dass bestimmte Merkmale der Population mit einer höheren Kaufabsicht korrelieren könnten. Der Autor schlägt hier zwei Merkmale vor: **allgemeines Interesse am Sportgeschehen** (gering/ mittel/ hoch) und **sportliche Aktivität** (weniger als zwei Stunden pro Woche/ zwei bis vier Stunden pro Woche/ mehr als vier Stunden pro Woche). Durch die Einführung dieser Variablen wird geprüft, ob das Modell optimiert werden kann. Zudem können Untergruppen innerhalb der Teilnehmergruppen der vier Umfragen gebildet werden, was eine faire Vergleichbarkeit sicherstellt.

Weiterhin nimmt der Autor an, dass das **Kennen der Sportfigur** (ja/ nein) sowie der **Grad der Meinung zum Sportler** (keine Meinung/ grobe Meinung/ klare Meinung) einen Einfluss auf die weitere Bewertung der Glaubwürdigkeit und auf die Einstellungen gegenüber der Werbung und gegenüber der Marke sowie auf die Kaufabsicht hat. Personen, denen ein in einer Werbung auftauchender Produktbefürworter nicht bekannt ist, beurteilen die Glaubwürdigkeit des Sportlers aus einer anderen Perspektive und dürften eine andere Werbewirkung erfahren als jene Teilnehmer, die den Endorser bereits kennen und im besten Fall auch eine fundierte Meinung zu diesem haben.

6.5 ENTWICKLUNG DES FRAGEBOGENS

Für jeden Sportler ist jeweils eine eigene Umfrage vorgesehen. Die Umfragen, anhand welcher nun der Zusammenhang der Glaubwürdigkeit von Sportlern mit der Werbewirkung ermittelt zu werden versucht, beginnen mit einem ausführlichen Blick der Studienteilnehmer auf die Werbeanzeige. Daraufhin soll erneut eine Beurteilung der Glaubwürdigkeit der Sportler, Attraktivität, Expertise und Vertrauenswürdigkeit bewertet werden. Die Untersuchung des Zusammenhangs zwischen Glaubwürdigkeit und seinen drei Komponenten ist nicht Bestandteil dieser Thesis, da dieser in den Werken von Ohanian (1990, 1991) und einer Reihe nachfolgender Arbeiten bereits hinreichend bestätigt werden konnte. Die drei Komponenten der Glaubwürdigkeit werden durch Einbeziehung der dem Modell angehörigen Adjektive, übersetzt ins Deutsche, mithilfe eines 7-Punkt semantischen Differentialskala bemessen. Auf dieser Skala stellen die 1 das negative und die 7 das positive Extrem dar.

Um eine Aussage über den Effekt der wahrgenommenen Glaubwürdigkeit auf die Werbewirkung treffen zu können, werden als nächstes die Variablen „Einstellung gegenüber der Werbung" und „EInstellung gegenüber der Marke" gemessen, wobei für beide Messungen die Skala von MacKenzie und Lutz (1989) (gut – schlecht, vorteilhaft – unvorteilhaft, angenehm – unangenehm) im Rahmen eines 7-Punkt Differentials angewendet wird.

Anschließend erfolgt die Messung der Kaufabsicht nach Yi (wahrscheinlich – unwahrscheinlich, möglich – unmöglich).

6.6 STICHPROBE UND DATENSAMMLUNG

Die Forschungspopulation der Studie besteht aus Menschen im Alter zwischen 18 und 29 Jahren, zum größten Teil aus Hamburg und Kiel. Die Studienteilnehmer sind damit der Generation Z und den letzten Jahrgängen der Generation Y zuzuordnen. Der Grund für diese altersbezogene Eingrenzung liegt im Sportbezug der Arbeit. Laut Gesundheitsberichterstattung des Bundes (2012) treiben knapp 65% der 18 bis 29-Jährigen mehr als zwei Stunden Sport in der Woche. In der Altersspanne 30 bis 45 liegt dieser Wert nur noch bei 43%. Im höheren Alter steigt dieser Wert wieder an, erreicht aber nicht das Niveau der Jüngeren. Dieser Umstand macht die 18 bis 29-Jährigen zur Kernzielgruppe vieler auf den Verkauf von Sportprodukten spezialisierten Unternehmen, sodass die vorliegende Studie für jene Unternehmen von besonderem Interesse ist. Zudem bietet die Fokussierung auf diese junge Altersgruppe die Chance auf eine Aktualisierung der Forschungsergebnisse älterer Studien.

Die Populationsgröße, auf die im Rahmen der Studie abgezielt ist, besteht somit aus allen Menschen in Deutschland in der Altersgruppe 18 bis 29, was circa 14,7 Millionen Menschen ausmachen dürfte.[73] Mit einem Konfidenzniveau von 95% und einer Fehlerquote von 5% ergibt sich somit eine empfohlene Stichprobengröße von 385. Die vorliegende Studie beinhaltet vier Werbeanzeigen mit jeweils einem Sportler und somit vier verschiedene Umfragen. Das Ziel ist es, dass die kumulierte Teilnehmerzahl aller vier Umfragen der empfohlenen Stichprobengröße entspricht, sodass eine aussagekräftige Prüfung bezüglich der Wirksamkeit des angewandten Modells stattfinden kann. Pro Umfrage wird somit eine Teilnehmerzahl von etwa 100 angestrebt. Jeder Teilnehmer soll dabei nur eine dieser vier Umfragen bearbeiten, um die Messung der Werbewirkung nicht zu verfälschen und eine Messung des reinen Einflusses der Glaubwürdigkeit von Sportlern zu gewährleisten. Eine Stichprobengröße von 4 x 385 Personen sprengt den Rahmen der Arbeit und ist nicht zu realisieren.

Das Stichprobenverfahren verlief auf selbst-selektiver Basis. Die vier Umfragen wurden über verschiedene Social Media Plattformen, darunter Instagram, Facebook und Whatsapp verteilt und waren dabei teilweise für die breite Öffentlichkeit zugänglich. Zusätzlich bewarb die

---

[73] Vgl. Bpb (2020).

Fachhochschule Kiel die Umfragen auf der offiziellen Homepage. Um sicherzugehen, dass jede der vier Umfragen ähnlich viele Teilnehmer erhält und dass jede Person nur eine dieser Fragebögen bearbeitet, wurde eine „Verteiler-Umfrage" erstellt, bei der die Fragebögen nach Anfangsbuchstaben des Nachnamens verteilt wurden. Alle paar Wochen wurde der Verteilungsschlüssel abgeändert, das heißt es erfolgte eine neue Verteilung nach Anfangsbuchstaben des Nachnamens.

Zur Überprüfung, dass die Stichprobe die Grundgesamtheit angemessen vertritt, wurden im Rahmen der Befragung bestimmte Merkmale abgefragt. Zudem ist anzunehmen, dass einige dieser Merkmale einen Einfluss auf die Einstellungen zu Sportprodukten, Sportmarken und den vier abgebildeten Sportlern selbst haben. Da vermutlich jedoch nicht alle der vier Sportler über den gleichen Bekanntheitsgrad verfügen und auch die sportliche Aktivität, die Affinität zum Profisport sowie auch die sexuelle Orientierung der Probanden bei den Bewertungen eine Rolle spielen, scheint es sinnvoll, einige Kontrolldaten zu sammeln. Die Merkmale und deren Frequenzen sind in Tabelle 5 abgebildet.

Von 534 erfassten Antwortbögen wurden 122 nicht vollständig ausgefüllt und eliminiert. Acht der 412 Teilnehmer waren zum Zeitpunkt der Datensammlung jünger als 18 Jahre, 20 weitere Personen älter als 29 Jahre. Somit gehörten 37 Studienteilnehmer nicht der Altersgruppe der betrachteten Population an und wurden bei der Datenauswertung außen vor gelassen. Stattdessen wurden die Angaben von insgesamt 374 Umfrageteilnehmern aufgenommen. Für die Umfrage mit der Werbeanzeige, auf der Mats Hummels zu sehen ist wurden 84 gültige Antwortbögen gesammelt. Die Glaubwürdigkeit von Manuel Neuer bewerteten 100, die von Alexander Zverev 98 und die von Mesut Özil 92 Personen der untersuchten Altersklasse.

Merkmale	Frequenz n	Frequenz (%)
Total Sample	374	100
Geschlecht		
Weiblich	208	55.61
Männlich	166	44.39
Alter		
18	24	6.42
19	13	3.48
20	16	4.28
21	20	5.35
22	39	10.43
23	56	14.97
24	42	11.23
25	57	15.24
26	41	10.96
27	28	7.49
28	26	6.95
29	12	3.21
Sexuelle Orientierung		
Heterosexuell	335	89.57
Homosexuell	14	3.74
Bisexuell	21	5.61
Pansexuell	2	0.53
Asexuell	1	0.27
Unklar	1	0.27
Sportliche Aktivität		
Weniger als zwei Stunden/ Woche	85	22.73
Zwei bis vier Stunden/ Woche	138	36.90
Mehr als vier Stunden/ Woche	151	40.37
Interesse am Profisport		
Gering	83	22.19
Mittel	155	41.44
Hoch	136	36.36
Kenntnis des Sportlers		
Ja	331	88.50
Nein	43	11.50
Meinung zum Sportler		
Keine Meinung	91	24.33
Eine grobe Meinung	163	43.58
Eine klare Meinung	120	32.09

Tabelle 5: Merkmale der Stichprobe

Die Aufbereitung und Analyse der gesammelten Daten wurden mithilfe der Statistik-Software Stata vorgenommen. Im Vorfeld der Untersuchung wurde der quantitative Datensatz zur Lesbarkeit für das Programm vorbereitet. Tabelle 6 zeigt die Konstrukte des Modells und deren Messgrößen auf.

Konstrukte zweiter Ordnung	Konstrukte erster Ordnung	Items
Glaubwürdigkeit	Attraktivität (attractiveness)	ATR1 – ATR5
(credibility)	Expertise (expertise)	EXP1 – EXP5
	Vertrauenswürdigkeit (trustworthiness)	TRW1 – TRW5
	Einstellung gegenüber der Werbung (attitude_towards_ad)	AAD1 – AAD3
	Einstellung gegenüber der Marke (attitude_towards_brand)	AB1 – AB3
	Kaufabsicht (purchase_intention)	PI1, PI2

Tabelle 6: Konstrukte der Primärforschung und deren Mess-Items

Um ein besseres Verständnis der Datenstruktur zu erhalten, gibt Tabelle 7 einen Überblick aller Variablen, die eine Rolle für die weitere Analyse spielen. Es handelt sich dabei um das aus allen vier Umfragen zusammengetragene Dataset. Eine Unterscheidung zwischen den vier Sportlern wird später unternommen.

Variable	Mean	Standard Deviation	Minimum	Maximum
Glaubwürdigkeit	3.69	1.34	1	7
Attraktivität	3.39	1.46	1	7
Expertise	4.04	1.52	1	7
Vertrauenswürdigkeit	3.66	1.57	1	7
Einstellung gegenüber der Werbung	3.46	1.35	1	7
Einstellung gegenüber der Marke	3.40	1.22	1	7
Kaufabsicht	2.40	1.38	1	7
Alter	23.79	2.84	18	29
Geschlecht	0.44	.50	0	1
Sportliche Aktivität	2.18	.78	1	3
Interesse am Sportgeschehen	2.14	.75	1	3
Meinungsbildung	2.08	.74	1	3
Kennen der Sportfigur	.89	.32	0	1

Tabelle 7: Mittelwerte aller Variablen des Modells

Die 374 Personen, die an den Umfragen teilgenommen haben, sind im Schnitt 23,79 Jahre alt, was fast genau dem 50% Perzentil (24 Jahre) entspricht. Für die Variable „Geschlecht" wurden im Dataset alle weiblichen mit 0 und alle männlichen Personen mit 1 codiert, sodass sich ein Mittelwert von 0,44 ergab.

Die Kontrollvariable „Sportliche Aktivität" wurde in den Umfragen mit drei Auswahlmöglichkeiten versehen: „Weniger als zwei Stunden/ Woche" (Code 1), „Zwei bis vier Stunden/ Woche" (2) und „Mehr als vier Stunden pro Woche" (3). Es ergab sich ein Durchschnitt von 2,18. Der Umstand, dass die Datenerhebung während der Corona-Pandemie stattfand, dürfte keinen allzu großen Effekt auf die Messwerte haben. Laut einer Studie der Julius-Liebig-Universität Gießen haben die unter 30-Jährigen während der Pandemie „ihre Sportaktivitäten deutlich seltener reduziert"[74] als ältere Menschen.[75]

Die Studienteilnehmer wurden zusätzlich zu einer Selbsteinschätzung bezüglich des allgemeinen Interesses am Profisport gebeten, wobei die Items „gering" (1), „mittel" (2) und „hoch" (3) verwendet wurden. Weiterhin sollte angegeben werden, ob der jeweilige

---

[74] Zit. Mutz, M., Justus-Liebig-Universität Gießen (2020).

[75] Vgl. Julius-Liebig-Universität (2020).

Profisportler dem Teilnehmer der Umfrage bekannt ist (Code 1) oder nicht (0). Es stellte sich ein Mittelwert von 0,89 heraus. Somit kannten nur etwas über 10% der Umfrageteilnehmer den in der Anzeige auftretenden Sportler nicht. Bei der Frage nach dem Vorhandensein einer Meinung zum in der Printanzeige präsentierten Sportler stehen die Codierungen 1 bis 3 für „Keine Meinung", „Eine grobe Meinung" und „Eine klare Meinung". Hier ergab sich ein Durchschnitt von etwas über 2.

6.7 DATENANALYSE

Die Analyse der im Rahmen der Primärforschung gesammelten Daten geht in einem mehrstufigen Prozess vonstatten. Zunächst werden die Reliabilität und Validität geprüft, um die im Modell genutzten Variablen zu testen. Als zweites folgt eine Korrelationsanalyse, um die bivariaten Beziehungen zwischen jedem Variablenpaar im Modell zu untersuchen. Anhand einer Regressionsanalyse werden die Variablen daraufhin auf Ursache-Wirkungs-Beziehungen geprüft. Anschließend ist die Mediationshypothese mit der Anwendung eines quantitativen Mediationsmodells zu testen. Den letzten Teil der Datenanalyse bildet ein Vergleich der einzelnen Ergebnisse der vier Umfragen, bei dem die Messungen aller Konstrukte übersichtlich dargestellt wurden. Die Ergebnisse dieser Schritte werden in Kapitel 7 ausführlich zusammengefasst.

7 FORSCHUNGSERGEBNISSE

7.1 RELIABILITÄTSTEST

Dieser Abschnitt bildet den ersten Teil der Präsentation der Analyseergebnisse, in dem ein Überblick über die Datenstruktur und die Korrelationen zwischen den analysierten Variablen gegeben wird. Das Modell wurde bewertet, indem die interne Konsistenz der Items, die zur Konstruktion dieser Variablen verwendet wurden, mithilfe der Cronbachs Alpha-Analyse untersucht wurde. Die Reliabilität eines Messinstruments zeigt die Zuverlässigkeit einer Messung auf.[76] Sie wird daher häufig herangezogen, um zu demonstrieren, dass Tests und Skalen, die für Forschungsprojekte konstruiert oder übernommen wurden, für den gedachten Zweck geeignet sind.[77]

Variable	Anzahl der Items	Cronbach's Alpha
Glaubwürdigkeit	**3**	**0.84**
Attraktivität	5	0.93
Expertise	5	0.94
Vertrauenswürdigkeit	5	0,97
Einstellung gegenüber der Werbung	**3**	**0,91**
Einstellung gegenüber der Marke	**3**	**0.94**
Kaufabsicht	**2**	**0.88**

Tabelle 8: Ergebnisse der Cronbach's Alpha Analyse

Wie aus der Tabelle 8 zu entnehmen, zeigt der Test, dass sämtliche Skalen, die für die Messungen der Variablen verwendet wurden, reliabel sind. Für die Konstrukte „Glaubwürdigkeit" und „Kaufabsicht" ergibt sich jeweils ein Cronbach's Alpha von 0,84 bzw. 0,88. Damit sind die Werte als gut zu interpretieren. Die Variablen „Einstellung gegenüber der Werbung" (0,91), „Einstellung gegenüber der Marke" (0,94) sowie die drei Konstrukte erster Ordnung „Attraktivität" (0,93), „Expertise" (0,94) und „Vertrauenswürdigkeit" (0,97) weisen allesamt ein Cronbach's Alpha von über 0,9 auf, was als exzellent eingestuft wird.[78]

---

[76] Rössler (2005): S. 183.

[77] Vgl. Taber (2017).

[78] Vgl. George & Mallery (2002).

7.2 Bivariate Korrelationen

Im Rahmen der Korrelationsanalyse wurden die verschiedenen Variablen auf einen Zusammenhang untersucht. Die Auswertung der Ergebnisse dieser Analyse lässt einen ersten Schluss auf mögliche Abhängigkeiten zwischen den Variablen zu. Die Ergebnisse zeigen positive Assoziationen zwischen der Prädiktorvariable (Glaubwürdigkeit), den Mediatorvariablen (Einstellung gegenüber der Werbung und Einstellung gegenüber der Marke) und der in der Studie definierten Ergebnisvariable (Kaufabsicht), wodurch die erste Bedingung für den Test eines Mediationseffekts erfüllt ist. Es sind positive, teilweise sogar stark positive Korrelationen zwischen allen, im Modell eingebauten Variablen zu erkennen. Dies stellt ein Indiz für kausale Zusammenhänge zwischen den Konstrukten dar. Die aus offensichtlichen Gründen sehr starken Zusammenhänge zwischen der Variablen „Glaubwürdigkeit" und seinen drei Komponenten werden nicht untersucht und stattdessen mit einem X markiert.

Variable	(1)	(2)	(3)	(4)	(5)	(6)	(7)	(9)	(10)	(11)	(12)	(13)	(14)
(1) Glaubw.	1.00												
(2) Attraktivität	X	1.00											
(3) Expertise	X	0.56*	1.00										
(4) Vertrauenswürdigkeit	X	0.62*	0.73*	1.00									
(5) Einst. ggü. Werbung	0.63*	0.57*	0.60*	0.56*	1.00								
(6) Einst. ggü. Marke	0.47*	0.39*	0.44*	0.43*	0.67*	1.00							
(7) Kaufabsicht	0.39*	0.36*	0.37*	0.35*	0.57*	0.54*	1.00						
(9) Alter	-0.07	-0.08	-0.07	-0.05	-0.14*	-0.11*	0.02	1.00					
(10) Geschlecht	-0.00	0.03	-0.02	-0.00	-0.04	-0.01	0.05	0.08	1.00				
(11) Sportliche Aktivität	0.05	0.08	0.08	0.02	0.07	0.02	0.11*	-0.05	0.18*	1.00			
(12) Interesse am Sportgesch.	0.06	0.1	0.05	0.05	0.06	0.01	0.14*	-0.00	0.53*	0.33*	1.00		
(13) Kennen der Sportfigur	0.11*	0.10	0.11*	0.09	0.05	0.05	0.06	-0.01	0.10*	0.13*	0.30*	1.00	
(14) Meinungsbildung	0.12*	0.20*	0.11*	0.09	0.06	0.08	0.23*	0.01	0.41*	0.28*	0.60*	0.43*	1.00

Tabelle 9: Korrelationsmatrix

Betrachtet man die Beziehungen der Kontrollvariablen, fallen vor allem starke Korrelationen untereinander auf. Lediglich das Alter, das Kennen der Sportfigur und die Meinungsbildung korrelieren teilweise schwach mit den latenten Variablen des Modells. Auffällig ist eine schwache negative Beziehung zwischen dem Alter und den Einstellungen gegenüber Werbung und Marke. Dies kann als Indiz gedeutet werden, dass ältere Menschen eher dazu tendieren, sich weniger von Werbung beeinflussen zu lassen oder häufiger eine leichte Abneigung gegen Werbung entwickelt haben. Die Variablen „Kennen der Sportfigur“ und „Meinungsbildung“ weisen schwache Korrelationen mit der Glaubwürdigkeit und dessen Konstrukten erster Ordnung auf.

Das Geschlecht hingegen korreliert mit keiner der latenten Variablen, jedoch positiv mit der sportlichen Aktivität und sogar stark positiv mit dem allgemeinen Interesse am Sportgeschehen und der Meinungsbildung. Da die weiblichen Teilnehmer bei der Datenaufbereitung mit 0 und die männlichen mit 1 codiert wurden, scheint es, dass die männlichen Studienteilnehmer etwas bewegungsaktiver sind, deutlich größeres Interesse am Profisport zeigen und somit wohl auch eher eine fundierte Meinung zu den in den Werbeanzeigen abgebildeten Sportlern entwickeln. Diese Ergebnisse passen hervorragend zu den unter Abschnitt 6.4.4 rezitierten Studien und belegen damit noch einmal die Repräsentativität der gesammelten Daten. Erwartungsgemäß stark ist zudem die Korrelation zwischen dem Interesse am Sportgeschehen und der Meinungsbildung.

7.3 REGRESSIONSANALYSE

Dieser Teil beschäftigt sich mit den Ergebnissen der Untersuchung der Stärke der Beziehungen zwischen den verschiedenen betrachteten Variablen. Die Prüfung der Hypothesen erfolgt durch die Konstruktion eines Structural Ecuation Model (SEM) in Stata. Dabei soll auch geprüft werden, ob mit dem aus den Umfragen hervorgegangenen Datensatz die Hypothese vereinbar ist, dass die unabhängige Variable (Glaubwürdigkeit) über serielle Mediation, d.h. über die zwei in Serie geschalteten Mediatoren (Einstellung gegenüber der Werbung und Einstellung gegenüber der Marke) einen signifikant positiven Einfluss auf die abhängige Variable (Kaufabsicht) ausübt.

Um das Problem der Multikollinearität auszuschließen, wurden die VIFs (Variance Inflation Factors) berechnet. Alle Werte lagen dabei zwischen 1 und 3 und sind somit moderat korreliert.[79]

Regressionskoeffizienten	AV = Einst. ggü. Werbung	AV = Einst. ggü. Marke	AV = Kaufabsicht
Attraktivität	-	-	0.16** (0.06)
Expertise	-	-	0.23** (0.07)
Vertrauenswürdigkeit	-	-	0.09 (0.07)
Glaubwürdigkeit	1.12*** (0.13)	-	0.42*** (0.08)
Einstellung ggü. Werbung	-	0.66*** (0.07)	-
Einstellung ggü. Marke	-	-	0.48*** (0.06)
Alter	-0.039* (0.18)	-0.01 (0.02)	0.03 (0.02)
Sportliche Aktivität	0.04 (0.07)	-0.06 (0.06)	0.09 (0.07)
Kennen des Sportlers	-0.05 (0.18)	-0.02 (0.16)	0.10 (0.18)
Meinungsbildung	-0.12 0.07)	0.06 (0.06)	0.18* (0.09)

AV = Abhängige Variable
Robuste Standardfehler sind in Klammern angegeben
*$p<.05$; ** $p<.01$; *** $p<.001$
Tabelle 10: Überblick der Regressionskoeffizienten

---

[79] Daoud (2017).

Bevor die Beziehungen zwischen den latenten Variablen betrachtet werden, soll erst auf mögliche signifikante Einflüsse der Kontrollvariablen eingegangen werden. Wie aus der Tabelle 10 abzulesen ist, wirkt sich das Alter der Studienteilnehmer signifikant auf die Einstellung gegenüber der Werbung aus. Die in 7.2 getroffenen Annahmen zu diesem Punkt bestätigen sich hiermit. Ein negativer Zusammenhang bedeutet, dass die abhängige Variable (EW) tendenziell sinkt, wenn das Alter steigt. Erklärbar könnte dies mit einer möglichen Entwicklung einer neuen Sichtweise auf Werbeanzeigen mit höherem Alter sein. Möglicherweise entwickeln Menschen mit steigendem Lebensalter tendenziell häufiger Abneigungen gegen Werbeanzeigen als jüngere Erwachsene.

Zudem herrscht eine signifikante positive Beziehung zwischen der Bildung einer Meinung zum Sportler und der Kaufabsicht. Das bedeutet, je gefestigter die Meinung der Konsumenten zum Sport-Endorser ist, desto größer scheint die Bereitschaft zum Kauf des beworbenen Sportgetränks zu sein.

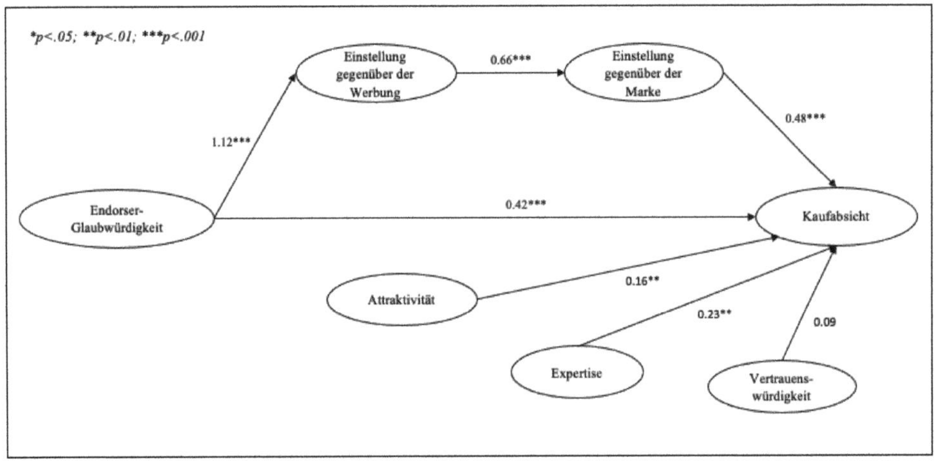

Abbildung 8: Ergebnisse des SEM-Modells

Aus der Abbildung 8 und den aus der Analyse hervorgegangenen Pfadkoeffizienten lassen sich nun Aussagen zu den zuvor aufgestellten Hypothesen treffen. Hypothese 1 behauptet, dass die durchschnittliche Glaubwürdigkeit eines Sportendorsers positiv mit der Einstellung gegenüber der Werbung zusammenhängt. Wie dem Pfadmodell zu entnehmen ist, ist dieser Zusammenhang positiv signifikant ($\gamma_{(GW,EM)} = 1.1$). **Hypothese 1 wird somit unterstützt.**

Die zweite Hypothese sagt die Existenz einer positiven Beziehung zwischen der Einstellung gegenüber der Werbung und der Einstellung gegenüber der Marke voraus. Die Ergebnisse zeigen auch hier einen signifikanten und positiven Zusammenhang ($\gamma\_(EW,EM) = 0.66$). **Damit wird Hypothese 2 unterstützt.**

Hypothese 3 postuliert eine positive Beziehung der Einstellung gegenüber der Marke und der Kaufabsicht der Konsumenten. Erkennbar ist ein signifikanter positiver Zusammenhang ($\gamma\_(EM,KA) = 0.48$), **womit Hypothese 3 bestätigt wird.**

Hypothese 4 sagt voraus, dass die wahrgenommene Glaubwürdigkeit eines Profisportlers in der Werbung positiv mit der Kaufabsicht zusammenhängt. Auch hier ist eine stark signifikante Beziehung zueinander ($\gamma\_(EM,KA) = 0.42$) abzulesen. **Hypothese 4 wird daher unterstützt.**

Als nächstes sind die Hypothesen 4a, 4b, und 4c zu prüfen. Diese postulieren eine signifikante positive Beziehung zwischen den Konstrukten Attraktivität (4a), Expertise (4b) und Vertrauenswürdigkeit (4c) und der Kaufabsicht. Die Ergebnisse zeigen, dass **die Hypothesen 4a und 4c mit den im Rahmen der Studie erfassten Daten vereinbar sind**. Kein signifikanter Zusammenhang ist zwischen der Vertrauenswürdigkeit und der Kaufabsicht zu verzeichnen. **Somit wird die Hypothese 4c abgelehnt.** Ein Ansatz, dieses Ergebnis zu erklären, könnte ein von vornherein bestehender Grundzweifel der Konsumenten sein, die eine gewisse Voreingenommenheit des Sportlers gegenüber dem Produkt erwarten und einkalkulieren. Möglicherweise tritt die Vertrauenswürdigkeit auch hinter der Attraktivität als signifikantem Faktor aufgrund der visuellen Konsumierung von Sportveranstaltungen im Fernsehen und der Expertise als Ausdruck wahrgenommenen Erfolgs zurück.

7.4 MEDIATIONSANALYSE

Schließlich geht es bei der Hypothese 5 um eine mögliche vermittelnde Rolle der Einstellung gegenüber der Werbung und der Einstellung gegenüber der Marke in der Beziehung zwischen der Glaubwürdigkeit und der Kaufabsicht. Anhand der Analyse wird also geprüft, ob mit dem aus den Umfragen hervorgegangenen Datensatz die Hypothese vereinbar ist, dass die unabhängige Variable (Glaubwürdigkeit) über serielle Mediation, d.h. über die zwei in Serie geschalteten Mediatoren (Einstellung gegenüber der Werbung und Einstellung gegenüber der Marke) einen signifikant positiven Einfluss auf die abhängige Variable (Kaufabsicht) ausübt. Um auf eine mögliche Mediation zu prüfen, wurde die Methode des Koeffizientenprodukts angewendet[80]. Sollten die Ergebnisse zeigen, dass der indirekte Effekt statistisch signifikant ist, so wird die Mediationshypothese unterstützt.[81] Die Ergebnisse der Analyse werden in Tabelle 11 dargestellt.

	Kaufabsicht		
	Direkter Effekt	Indirekter Effekt	Totaler Effekt
Endorser-Glaubwürdigkeit	0.41*** (0.084)	Via EW & EM 0.36*** (0.063)	0.77*** (0.033)

Robuste Standardfehler sind in Klammern angegeben
** p<.05; ** p<.01; *** p<.001*

Tabelle 11: Ergebnisse der Mediationsanalyse

Wie in Tabelle 11 demonstriert, liegt ein stark signifikanter vermittelnder Effekt vor (p<0.001). Da die Variable KA sowohl von den Mediatoren EW und EM, als auch von der unabhängigen Variable GW beeinflusst wird, ist ein partieller Mediator-Effekt gegeben.[82] **Folglich wird Hypothese 5 unterstützt.**

---

[80] Vgl. MacKinnon (2008): S. 47.

[81] Vgl. Preacher & Hayes (2008).

[82] Vgl. Urban & Mayerl (2007).

Tabelle 12 fasst die Ergebnisse der Überprüfung der Hypothesen zusammen.

H	Zusammenhang	Ergebnis
H1	Glaubwürdigkeit → Einstellung ggü. Werbung	**Unterstützt**
H2	Einstellung ggü. Werbung → Einstellung ggü. Marke	**Unterstützt**
H3	Einstellung ggü. Marke → Kaufabsicht	**Unterstützt**
H4	Glaubwürdigkeit → Kaufabsicht	**Unterstützt**
H4a	Attraktivität → Kaufabsicht	**Unterstützt**
H4b	Expertise → Kaufabsicht	**Unterstützt**
H4c	Vertrauenswürdigkeit → Kaufabsicht	Zurückgewiesen
H5	Glaubwürdigkeit → EW → EM → Kaufabsicht	**Unterstützt**

Tabelle 12: Ergebnisse der Hypothesentests

7.4 ANPASSUNGSGÜTE

Die Anpassungsgüte ist ein statistischer Hypothesentest, der beschreibt, wie gut eine Menge von Beobachtungen von einem Modell erklärt wird. Die allgemeine Anpassungsgüte des geschätzten Modells wurde anhand des Populationsfehlers (Root mean squared error of approximation - RMSEA), des Basislinienvergleichs (Comparative fit Index - CFI; und Tucker-Lewis Index - TLI) und der Größe der Residuen (Standardized root mean squared residual - SRMR, und des Bestimmtheitsmaßes - R^2) bewertet.

Der RMSEA ist ein Verifikationsmaß, das Aussagen darüber zulässt, wie weit ein hypothetisches Modell von einem perfekten Modell entfernt ist.[83] Werte unter 0,05 sind Indizien für eine gute Anpassung, während Werte bis zu 0,08 als akzeptabel angesehen werden.[84] Das Ergebnis (RMSEA = 0,068) deutet darauf hin, dass das Modell ein akzeptables Anpassungsniveau aufweist.

Die Maße CFI und TLI stellen inkrementelle Indizes dar, welche die Anpassung eines hypothetischen Modells mit der eines Basismodells (d. h. eines Modells mit der schlechtesten

---

[83] Vgl. Xia & Yang (2019).

[84] Vgl. Pituch & Stevens (2016).

Anpassung) vergleichen.[85] Bei diesen Maßen gelten Werte von 0,90 und darüber als Beleg für eine akzeptable Passung.[86] Für das vorliegende Modell werden ein CFI von 0,937 und ein TLI von 0,930 berechnet.

Das SMRM misst das "mean absolute correlation residual".[87] Eine gute Modellanpassung wird durch SMRM < 0,05 angezeigt, während Werte zwischen 0,05 und 0,10 eine akzeptable Anpassung bedeuten.[88] Das Ergebnis für dieses Modell ist mit einem SMRM von 0,056 nah am guten Bereich.

Zudem hat das Modell für das Bestimmtheitsmaß einen Wert von 0,909 zu verzeichnen. Dies sagt aus, dass ein sehr großer Anteil (90,9%) der Varianz der Kaufabsicht durch die unabhängigen Variablen aufgeklärt werden können.

Maß	Ergebnis
Root mean squared error of approximation (RMSEA)	0.068
Comparative Fit Index (CFI)	0.937
Tucker-Lewis Index (TLI)	0.930
Standardized Root-Mean-Square Residual (SRMR)	0.056
Bestimmtheitsmaß (Overall Coefficient of Determination)	0.909

Tabelle 13: Ergebnisse der Anpassungsgüte

7.5 DIREKTER VERGLEICH DER ERGEBNISSE NACH SPORTLER

Nachdem festgestellt werden konnte, dass das angewendete Modell gut zu den gesammelten Daten passt und die Beziehungen zwischen den verschiedenen Variablen definiert wurden, erfolgt nun ein direkter Vergleich der Mittelwerte aller wichtigen Variablen nach Sportler.

---

[85] Vgl. Xia & Yang (2019).

[86] Vgl. Pituch & Stevens (2016).

[87] Zit. Kline (2016).

[88] Vgl. Pituch & Stevens (2016).

Zunächst werden die Mittelwerte der Kontrollvariablen nach Sport-Endorser in Tabelle 14 dargestellt, um zu prüfen, ob eine Vergleichbarkeit ohne Eliminierung der Daten eines Teils der Teilnehmer überhaupt sinnvoll scheint. Die Kontrollvariablen wurden aufgestellt, da vermutet wurde, dass sie einen Einfluss auf die Konstrukte des theoretischen Modells haben könnten. Wie zu erkennen ist, unterscheiden sich die durchschnittlichen Angaben nicht signifikant, bis auf zwei Ausnahmen: 72% der Teilnehmer der Zverev-Umfrage gaben an, den Sportler zu kennen. Im Vergleich zu den anderen drei Profisportlern genießt Alexander Zverev demnach etwas weniger Bekanntheit. Folglich ist der Anteil an Personen ohne Meinung zu dem Spieler größer als bei den übrigen Athleten.

	Mesut Özil	Alexander Zverev	Manuel Neuer	Mats Hummels
Alter	23.80	23.67	24.09	23.55
Geschlecht (w=0, m=1)	0.42	0.45	0.43	0.48
Sportl. Aktivität (gering=1, hoch=3)	2.10	2.23	2.23	2.13
Interesse am Sportgeschehen (gering=1, hoch=3)	2.17	2.15	2.1	2.14
Kennen des Sportlers (nein=0, ja=1)	0.92	0.72	0.97	0.94
Meinungsbildung (keine=1, klare=3)	2.07	1.90	2.21	2.14

Tabelle 14: Vergleich der Mittelwerte der Kontrollvariablen

Die Tabelle 15 präsentiert die eine Übersicht der durchschnittlichen Angaben der Teilnehmer bei der Bewertung der Konstrukte auf einer 7-Likert Skala. Um das zuvor angesprochene Problem des „unfairen" Vergleichs zwischen den durchschnittlichen Daten der Umfrage mit Zverev und denen der übrigen Umfragen zu beheben, werden in der Spalte von Zverev zusätzlich bereinigte Mittelwerte in Klammern angegeben. Hierfür wurden alle Personen, die den Sportler nicht kennen und jene, die keine Meinung zu ihm haben eliminiert.

	Mesut Özil	Alexander Zverev	Manuel Neuer	Mats Hummels
Glaubwürdigkeit	2.48	3.16 (3.09)	4.48	4.70
Attraktivität	1.94	3.29 (3.40)	3.85	4.56
Expertise	3.01	3.46 (3.39)	4.95	4.75
Vertrauenswürdigkeit	2.50	2.74 (2.49)	4.66	4.80
Einstellung ggü. der Werbung	2.66	3.35 (3.32)	3.73	4.14
Einstellung ggü. der Marke	2.95	3.22 (3.18)	3.62	3.86
Kaufabsicht	1.95	2.06 (2.11)	2.6	3.05

Tabelle 15: Vergleich der Mittelwerte der durchschnittlichen Bewertungen

Zunächst ist festzustellen, dass sich die durchschnittliche Bewertung der Glaubwürdigkeit aller vier Sportler mit den Bewertungen aus dem Pre-Test weitestgehend decken. Die Profisportler Mesut Özil und Alexander Zverev stehen für eine geringe Glaubwürdigkeit in der Rolle von Endorsern, während Mats Hummels und Manuel Neuer ein besonders hohes Maß an Glaubwürdigkeit repräsentieren. Menschen, die angeben, Alexander Zverev zu kennen und mindestens eine grobe Meinung zu ihm zu haben, bewerten seine Glaubwürdigkeit im Durchschnitt noch negativer als der gesamte Stichprobenumfang. Beim Blick auf die Tabelle wird deutlich, dass sich das durchschnittliche Konsumentenverhalten als Reaktion auf die Werbeanzeigen mit Neuer und Hummels insgesamt deutlich positiver darstellt, als es bei der Werbung mit Özil und Zverev der Fall ist.

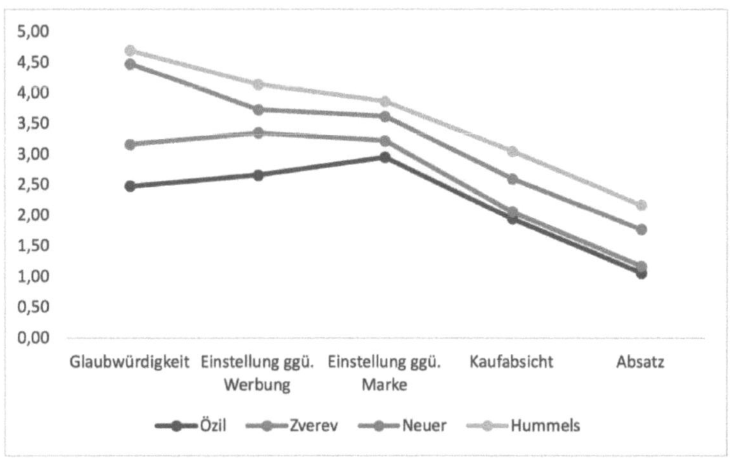

Abbildung 6: Durchschnittliche Bewertungen der Variablen nach Sportler im Vergleich

Das Diagramm gibt eine Übersicht der Werte aller zu vergleichenden Variablen in grafischer Form. Verbindet man die durchschnittlichen Messwerte pro Sportler fällt schnell auf, dass keine Überschneidungen zu erkennen sind. Außerdem wird ersichtlich, dass die Differenzen der durchschnittlichen Messungen aller Variablen des Konsumentenverhaltens zwischen den sehr glaubwürdigen und den sehr unglaubwürdigen Sportlern zwar deutlich sind, jedoch keine vergleichbare "Kluft" wie bei den Mittelwerten der durchschnittlichen Glaubwürdigkeit zu sehen ist.

Weiterhin ist aus der Grafik abzulesen, dass die Glaubwürdigkeit einen größeren Einfluss auf die Einstellung gegenüber der Werbung hat als auf die Einstellung gegenüber der Marke. Ein Vergleich zwischen den vier Durchschnittsbewertungen der beiden Mediatoren zeigt, dass die Werte sich bei der Einstellung gegenüber der Werbung mehr in die Extreme bewegen als im Fall der Einstellung gegenüber der Marke, wo sich die durchschnittlichen Messwerte leicht annähern.

7.6 ROBUSTHEITSTEST

Um die Robustheit des Modells zu testen und zu prüfen, ob das Modell auch bei veränderter Ausgangslage zuverlässig bleibt, wird ein Robustheitscheck durchgeführt. In dieser Studie werden Alter, Geschlecht, sportliche Aktivität, Interesse am Sportgeschehen, Kennen des

Sportlers und Meinungsbildung als kontrollierende Variablen verwendet. Mit dem Ziel, zu verstehen, ob die Überprüfung dieser Variablen das Modell beeinflusst, besteht der erste Robustheitstest in der erneuten Durchführung der Modellanalyse, ohne die Kontrollvariablen einzubinden. Die Ergebnisse dieses Checks sind in den Tabellen 16 und 17 zusammengefasst. Zu sehen sind dort die Regressionskoeffizienten und die Anpassungsgüte des Modells ohne Berücksichtigung der Kontrollvariablen.

Regressionskoeffizient	AV = EW	AV = EM	AV = KA
Glaubwürdigkeit	1.12*** (0.13)	-	0.42*** (0.08)
Einstellung ggü. Werbung	-	0.66*** (0.05)	-
Einstellung ggü. Marke	-	-	0.475*** (0.06)

AV = Abhängige Variable
Robuste Standardfehler sind in Klammern angegeben
** p<.05; ** p<.01; *** p<.001*

Tabelle 16: Robustheit des Modells: Regressionskoeffizienten

Die resultierenden Ergebnisse lassen den Schluss zu, dass der Ausschluss der Kontrollvariablen kaum einen Einfluss auf die Koeffizienten und damit auch auf die abgeleiteten Schlussfolgerungen hat.

Maß	Ergebnis
Root mean squared error of approximation (RMSEA)	0.077
Comparative Fit Index (CFI)	0.943
Tucker-Lewis Index (TLI)	0.936
Standardized Root-Mean-Square Residual (SRMR)	0.060
Bestimmtheitsmaß (Overall Coefficient of Determination)	0.903

Tabelle 17: Robustheit des Modells: Anpassungsgüte

Die Eliminierung der Kontrollvariablen führt zu einer leichten Veränderung der Anpassungsgüte des Modells, da sie zu einem besseren CFI und TLI, jedoch zu einem schlechteren RMSEA und SRMR führte. Das Bestimmtheitsmaß ist minimal gesunken. Statt 90,9% werden nun „nur" 90,3% der Varianz der Kaufabsicht aufgeklärt.

8. Diskussion

8.1 Zusammenfassung der Ergebnisse

Die vorliegende Studie untersuchte, wie die Glaubwürdigkeit von bekannten Profisportlern in der Rolle des Produktbefürworters das Reaktionsverhalten junger, erwachsener Konsumenten, u.a. die Einstellung gegenüber der Werbung, Einstellung gegenüber der Marke und Kaufabsicht, beeinflusst. Die Studie entdeckte signifikante positive Beziehungen zwischen der Glaubwürdigkeit und den Variablen des Konsumentenverhaltens. Zudem wurden die Attraktivität und die Expertise eines Sport-Endorsers bei einem gegebenen Produkt-Fit als die wesentlichen Treiber für die positive Wirkung auf die Kaufabsicht des Konsumenten ermittelt. Die Analysen der Daten ergaben außerdem, dass die Einstellung gegenüber der Werbung und die Einstellung gegenüber der Marke im Verbund die Rolle eines seriellen Mediators einnehmen, also eine vermittelnde Funktion im Zusammenhang zwischen der Glaubwürdigkeit und der Kaufabsicht haben.

Im Rahmen dieser Studie wurden echte Sportler zu Forschungszwecken in die Rollen von Befürwortern eines Sportgetränks gesetzt. Zudem wurden ein fiktives Produkt und eine fiktive Marke erstellt sowie eine eigene Printanzeige kreiert, um eine möglichst realitätsnahe Forschung zu gewährleisten. Dieser Aufwand wurde in vergleichbaren, bestehenden Studien selten betrieben. Die externe Validität für die gewonnenen Ergebnisse wird in diesem Fall also erhöht.

Die Studienergebnisse helfen dabei, die Bedeutung der wahrgenommenen Glaubwürdigkeit von Sport-Endorsern für die Altersgruppe 18-29 einzuordnen und liefern somit neue Erkenntnisse für die Endorsement-, insbesondere für die Sport-Endorsement-Wissenschaften im Allgemeinen. Die durchgeführte Studie unterscheidet sich von anderen wissenschaftlichen Arbeiten desselben Themenbereichs durch den klaren Sportbezug mit der Einbindung von echten Profisportlern und einem Produkt aus dem Sportbereich, ein Endorser-Product-Fit ist damit gegeben. Außerdem wurde die Altersgruppe der Population klar definiert, sodass ausschließlich die Daten von jungen Erwachsenen ausgewertet wurden. Eine weitere Besonderheit dieser Arbeit ist die Einbindung von vier verschiedenen Stimuli in die Forschung, welche bis auf den jeweils abgebildeten Sportler komplett identisch sind. Dies ermöglicht nicht nur die Prüfung des angewendeten Modells und die Einflussstärken zwischen den verschiedenen Variablen, sondern auch eine Vergleichbarkeit der Auswirkungen vier unterschiedlich wahrgenommener, durchschnittlicher Level von Glaubwürdigkeit.

Von insgesamt neun aufgestellten Hypothesen konnten in dieser Studie 8 bestätigt werden. Unter anderem wurde herausgefunden, dass die unabhängige Variable Glaubwürdigkeit einen signifikanten positiven Einfluss auf die Kaufabsicht der Konsumenten hat. Auch die Rolle der Einstellungen gegenüber der Werbung und gegenüber der Marke als serieller Mediator der Beziehung zwischen Glaubwürdigkeit und Kaufabsicht konnte bestätigt werden. Dies ist vor dem Hintergrund, dass die meisten wissenschaftlichen Arbeiten, die sich mit den Themen Celebrity Endorsement und Konsumentenverhalten beschäftigen, lediglich eine dieser Variablen (EW oder EM) auf eine Mediatorrolle prüfen, eine interessante Erkenntnis. Nach dem erfolgreichen Mediationstest lässt sich konstatieren, dass die Kaufabsicht von Konsumenten durch eine hohe wahrgenommene Glaubwürdigkeit teilweise über die (womöglich unterbewusste) Entwicklung einer Einstellung gegenüber der Werbung und der Marke entsteht. Eine hohe Glaubwürdigkeit hat laut vorliegender Studie also einen positiven Einfluss auf die Einstellung gegenüber der Werbung, wodurch sich die Einstellung gegenüber der Marke verbessert, was sich wiederum positiv auf die Kaufabsicht auswirkt.

Lediglich die Hypothese, welche postuliert, dass die Vertrauenswürdigkeit eines Sportlers, der als Produktbefürworter fungiert, einen signifikanten Einfluss auf die Kaufabsicht hat, wurde zurückgewiesen. Die beiden übrigen Komponenten des Konstrukts Glaubwürdigkeit beeinflussen die Kaufabsicht signifikant positiv. Der Vergleich der durchschnittlichen Messwerte aller vier Umfragen bestätigt anschaulich, dass eine hohe Glaubwürdigkeit positivere Einstellungen gegenüber Werbung und Marke sowie eine höhere Kaufabsicht seitens der Konsumenten zur Folge hat. Diese Ergebnisse sind ein eindeutiger Beweis dafür, dass werbetreibende Unternehmen, die gezielt junge Erwachsene ansprechen wollen, höhere Umsatzchancen haben, wenn sie vor der Wahl eines oder mehrerer Sport-Endorser, beispielsweise durch Umfragen, die wahrgenommene Glaubwürdigkeit bewerten lassen, um die Chancen auf einen Imagegewinn und höheren Umsatz zu maximieren. Der Fakt, dass die Hypothese 4c abgelehnt wurde, kann zudem als Indiz dafür gesehen werden, dass die Attraktivität und Expertise bei der Wahl eines Sport-Endorsers höher gewichtet werden sollten, um eine positive Werbewirkung bei jungen Erwachsenen sicherzustellen.

8.2 Limitationen und weiterer Forschungsbedarf

Die vorliegende Studie ist nicht frei von Einschränkungen. Zunächst ist anzumerken, dass die Forschung in der vorliegenden Arbeit anhand einer fiktiven Marke und eines fiktiven Produkts durchgeführt wurde. Die Konsumenten waren somit komplett unvoreingenommen gegenüber Produkt und Marke. Es kann demnach keine Aussage getroffen werden, wie stark die Wirkung der wahrgenommenen Glaubwürdigkeit auf die Einstellung gegenüber etablierter Marken ist, über die für gewöhnlich bereits Vorwissen und eine gefestigte Meinung vorhanden ist. Auch die Wahl der Produktart birgt zwangsläufig Komplikationen, da immer auch persönliche Präferenzen und Interessen eine Rolle bei der Messung der Kaufabsicht spielen. Die Form der Werbung, eine schlicht gehaltene Printanzeige, ist möglicherweise nur bedingt mit anderen Werbeformen zu vergleichen, in denen womöglich Attribute wie Attraktivität, Expertise oder Vertrauenswürdigkeit stärker vermittelt werden können. Ein realitätsnahes Experiment, in dem die Wirkung der Glaubwürdigkeit von Sport-Endorsern über modernere Werbeformen, wie durch Social Media, gemessen wird, könnte noch aussagekräftigere Ergebnisse liefern. Zudem wurden in dieser Studie ausschließlich deutsche, männliche Sportler mit internationaler Bekanntheit als Stimuli verwendet. Ob der Einfluss der Glaubwürdigkeit bei der Produktbefürwortung durch weibliche oder auch weniger berühmte Sportler gleich, geringer oder sogar größer ist, könnte Gegenstand zukünftiger Forschungen sein.

8.3 SCHLUSSFOLGERUNG

Die vorgenommene Untersuchung unterstreicht die Bedeutung der Glaubwürdigkeit von Sportlern, die als Endorser für Werbezwecke eingesetzt werden sollen, bei gegebener Produkt-Endorser-Kongruenz. Der Grad der wahrgenommenen Glaubwürdigkeit hat einen signifikanten positiven Einfluss auf die Kaufabsicht des Konsumenten. Zudem vermitteln die Einstellungen gegenüber Werbung und Marke diese Beziehung. Die Ergebnisse der durchgeführten Studie liefern klare Indizien für die Bedeutsamkeit, bei der Wahl von passenden Sport-Endorsern großen Wert darauf zu legen, dass ein hohes Maß an Glaubwürdigkeit vermittelt wird. Dies erhöht die Chancen für werbetreibende Unternehmen, den Absatz für Sportprodukte zu maximieren.

LITERATURVERZEICHNIS

Abate, F. R. (1999): The Oxford American dictionary of current English. New York: Oxford University.

Atkin, C. & Block, M. (1983): Effectiveness of celebrity endorsers", Journal of Advertising Research, Vol. 23 No. 1, S. 57-61.

Bergkvist, L. & Zhou, K.Q. (2016): "Celebrity endorsements: a literature review and research agenda", International Journal of Advertising, Vol. 35 No. 4, S. 642-663.

BPB (2020): „Bevölkerung nach Altersgruppen und Geschlecht", Online-Quelle: https://www.bpb.de/nachschlagen/zahlen-und-fakten/soziale-situation-in-deutschland/61538/altersgruppen, zuletzt besucht am 10.04.2021.

Brooks, C. M. & Harris, K. K. (1998): "Celebrity athlete endorsement: an overview of the key theoretical issues", Sport Marketing Quarterly, Vol. 7 No. 2, S. 34-44.

Choi, S. M. & Rifon, N. J. (2012): "It is a match: the impact of congruence between celebrity image and consumer ideal self on endorsement effectiveness", Psychology and Marketing, Vol. 29 No. 9, S. 639-650.

Choi, S. M., Lee, W.-N. L. & Kim, H.-J. (2005): „Lessons from the Rich and Famous: A Cross-Cultural Comparison of Celebrity Endorsement in Advertising, Journal of Advertising, Vol. 34 No. 2, 85-98.

Chung, K. YC, Derdenger & T. P., Srinivasan, K. (2012): Economic value of celebrity endorsements: Tiger Woods' impact on sales of Nike golf balls. Marketing Science, Vol. 32 No. 2, S. 271-293.

Cooper, Michael (1984): "Can Celebrities Really Sell Products?" Marketing and Media Decisions.

Daoud, J. I. (2017): „Multicollinearity and Regression Analysis".

Darnell, S. C. & Sparks, R. (2007): "Meaning transfer in sports news and sponsorship: promoting Canadian Olympic triathlete Simon Whitfield", International Journal of Sports Marketing and Sponsorship, Vol. 8 No. 2, S. 44-63.

Eisend, M. (2003): *"Glaubwürdigkeit in der Marketingkommunikation", Wiesbaden.*

Elberse, A. & Verleun, J. (2012): *"The economic value of celebrity endorsements", Journal of Advertising Research, Vol. 52 No. 2, S. 149-165.*

Erdogan, B. Z. (1999): *"Celebrity endorsement: a literature review", Journal of Marketing Management, Vol. 15 No. 4, S. 291-314.*

Erdogan, B. Z., Baker, M. J. & Tagg, S. (2001): *Selecting celebrity endorsers: the practitioner's perspective. Journal of Advertising Research, Vol. 41 No. 3, S. 39–49.*

Esch, F.-R. (2018): *„Werbewirkung", Gabler Wirtschaftslexikon, Online-Quelle, https://wirtschaftslexikon.gabler.de/definition/werbewirkung-49647, zuletzt besucht am 14.04.2021.*

Friedman, H. H. & Friedman, L. (1979): *"Endorser effectiveness by product type", Journal of Advertising Research, Vol. 19 No. 5, S. 63-71.*

Friedman, H. H., Termini, S. & Washington, R. (1976): *"The effectiveness of advertisements utilizing four types of endorsers", Journal of Advertising, Vol. 5 No. 3, S. 22-24.*

George, D., Mallery, P. (2002): *SPSS for Windows Step by Step: A Simple Guide and Reference*

Goldsmith, R. E., Lafferty, B. A. & Newell, S. J. (2000): *"The impact of corporate credibility and celebrity credibility on consumer reaction to advertisements and brands", Journal of Advertising, Vol. 29 No. 3, S. 43-54.*

Hovland, C. I. & Weiss, W. (1951): *"The Influence of Source Credibility on Communication Effectiveness", Public Opinion Quarterly, Vol. 15 No. 4, S. 635-650.*

Hovland, C.I., Janis, I.L. and Kelley, H.H. (1953): *"Communication and Persuasion", Yale University Press, New Haven, Connecticut.*

Julius-Liebig-Universität Gießen (2020): *„Weniger Sport während der Pandemie", Online-Quelle, https://www.uni-giessen.de/ueber-uns/pressestelle/pm/pm99-20sportwaehrendderpandemieauswirkungen, zuletzt besucht am: 08.05.2021.*

Kahle, L. R. & Homer, P. (1985): "Physical Attractiveness of the Celebrity Endorser: A Social Adaptation Perspective," Journal of Consumer Research, Vol. 11, S. 954- 961

Kamins, M. A. (1990): "Investigation into the 'match-up' hypothesis in celebrity advertising: when beauty may be only skin deep" Journal of Advertising, Vol. 19 No. 1, S. 4–13.

Kamins, M. A. and Gupta, K. (1994): "Congruence between spokesperson and product type: a matchup hypothesis perspective", Psychology and Marketing, Vol. 11 No. 6, S. 569-586.

Kanungo, R. & Pang, S. (1973): "Effects of Human Models on Perceived Product Quality", Journal of Applied Psychology, Vol. 57, S. 172-178.

Kirchgeorg, M. (2018): „Kaufabsicht", Gabler Wirtschaftslexikon, Online-Quelle, *https://wirtschaftslexikon.gabler.de/definition/kaufabsicht-37559,* zuletzt besucht am 14.04.2021.

Kroeber-Riel, W., Weinberg, P., Gröppel-Klein, A. (2009): „Konsumentenverhalten", München.

Küster-Rohde, F. (2009): „Die Wirkung von Glaubwürdigkeit in der Marketingkommunikation", Wiesbaden.

Lafferty, B. A., Goldsmith, R. E. (1999): „Corporate Credibility's Role in Consumers' Attitudes and Purchase Intentions when a High versus a Low Credibility Endorser is used in the Ad", Journal of Business Research, Vol. 44, No 2, S. 109-116.

Langmeyer, Lynn & Walker, Mary (1991): "A First Step to identify the Meaning in Celebrity Endorsers", Advances in Consumer Research, Vol. 8, S. 364-371.

Larry G. Gresham & Terence A. Shimp (1985): Attitude toward the Advertisement and Brand Attitudes: A Classical Conditioning Perspective, Journal of Advertising, Vol. 14 No. 1, S. 10-49.

Lutz, R. J., MacKenzie, S. B. & Belch, G. E. (1983): "Attitude Toward the Ad As a Mediator of Advertising Effectiveness: Determinants and Consequences", in NA - Advances in Consumer Research Vol. 10, S. 532-539.

McCracken, Grant (1989): *"Who is the Celebrity Endorser? Cultural Foundations of the Endorsement Process", Journal of Consumer Research, Vol.16, No. 3, S. 310-321.*

McGuire & William J. (1985): *"Attitudes and Attitude Change", in: Lindzey, Gardener/Aronson, Elliot (Hrsg.), The Handbook of Social Psychology, Volume II, Random House: New York.*

Miller, F. M. & Allen, C. T. (2012): *"How does celebrity meaning transfer? Investigating the process of meaning transfer with celebrity affiliates and mature brands", Journal of Consumer Psychology, Vol. 22 No. 3, S.443-452.*

Mowen, J. C. & Brown, S. W. (1981): *"On Explaining and Predicting the Effectiveness of Celebrity Endorsers", Advances in Consumer Research, Vol. 8, S. 437-441.*

Ohanian, R. (1990): *"Construction and validation of a scale to measure celebrity endorsers' perceived expertise, trustworthiness, and attractiveness", Journal of Advertising, Vol. 19 No. 3, S. 39-52.*

Ohanian, R. (1991): *The impact of celebrity spokesperson's perceived image on consumers' intention to purchase. Journal of Advertising Research, Vol. 31 No. 1, S. 46–54.*

Olsson, P. (2009): *„Prominente in der Werbung – Ein Leitfaden", Performance Plus, München.*

Pavlik, V. (2021): *„Umfrage zu den in Deutschland beliebtesten Sportarten bis 2020", Statista, Online-Quelle:* https://de.statista.com/statistik/daten/studie/171072/umfrage/sportarten-fuer-die-besonderes-interesse-besteht/ *zuletzt besucht am 30.04.2021.*

Petty, R. E., Cacioppo, J. T. & Schumann, D. (1983): *"Central and peripheral routes to advertising effectiveness", Journal of Consumer Research, Vol. 10 No. 2, S. 135-146.*

Pringle, H. (2004): *„Celebrity Sells", Chichester.*

Reidenbach, R. E. & Pitts, R. E. (1986): *"Not all CEOs are created equal as advertising spokespersons: evaluating the effective CEO spokesperson", Journal of Advertising, Vol. 15 No. 1, S. 30-46.*

Rossiter J. R. & Percy, L. (1987): *„Advertising and Promotion Management", London.*

Stern (2020): *„Alexander Zverev bestötigt Schwangerschaft seiner Ex-Freundin – und wehrt sich gegen Vorwürfe", Online-Quelle: https://www.stern.de/lifestyle/leute/alexander-zverev-wird-vater---und-wehrt-sich-gegen-vorwuerfe-9472952.html, zuletzt besucht am 03.04.2021.*

Stuttgarter Nachrichten (2019): *"Das neue Leben des "schönen" Rurik Gislason". Online-Quelle: https://www.stuttgarter-nachrichten.de/inhalt.nach-hype-bei-der-wm-2018-das-neue-leben-des-schoenen-rurik-gislason.7fee6980-9983-4b41-94bd-b082c28fcad2.html, zuletzt besucht am 06.05.2021.*

Tagesschau (2020): *„Zverev feiert und bricht Quarantäne", Online-Quelle:* https://www.tagesschau.de/sport/sportschau/zverev-party-101.html, zuletzt besucht am 02.04.2021.

Till, B. D. & Shimp, T. (1998): *Endorsers in advertising: the case of negative information. Journal of Advertising, Vol. 27 No.1, S. 67–82.*

Turner, G. (2004): *„Understanding Celebrity", Thousand Oaks.*

Tz (2020): *„Mesut Özil: Adidas beendet Zusammenarbeit mit Arsenal-Star", Online-Quelle:* https://www.tz.de/sport/fussball/mesut-oezil-adidas-werbung-arsenal-mercedes-dfb-sponsoring-zr-13786085.html, zuletzt besucht am 14.04. 2021.

Walker, M., Langmeyer, L. & Langmeyer, D. (1992): "Commentary: Celebrity Endorsers: Do You Get What You Pay for?", Journal of Services Marketing, Vol. 6 No. 4, S. 35-42.

Xia, Y., Yang, Y. (2019): *RMSEA, CFI, and TLI in structural equation modeling with ordered categorical data: The story they tell depends on the estimation methods. 51, 409–428.*

Yi, Y. (1990): *„Cognitive and affective priming effects of the context for print advertisements", Journal of Advertising, Vol. 19, S. 40–48.*